RAPPORT

DE

.

M. LE COMTE DE NIEUWERKERKE

SÉNATEUR, SURINTENDANT DES BEAUX-ARTS. MEMBRE DE L'INSTITUT

SUR LA

SITUATION DES MUSÉES IMPÉRIAUX

PENDANT

LE RÈGNE DE NAPOLÉON III
(1853-1869)

PARIS

CHARLES DE MOURGUES FRÈRES

Imprimeurs des Musées impériaux

RUE JEAN-JACQUES ROUSSEAU, 58.

1869

RAPPORT

DE

M. LE COMTE DE NIEUWERKERKE.

RAPPORT

DE

M. LE COMTE DE NIEUWERKERKE

SÉNATEUR, SURINTENDANT DES BEAUX-ARTS, MEMBRE DE L'INSTITUT,

SUR LA

SITUATION DES MUSÉES IMPÉRIAUX

PENDANT

LE REGNE DE S. M. NAPOLÉON III
(1853-1869)

———⚬⚬———

PARIS

CHARLES DE MOURGUES FRÈRES

Imprimeurs des Musées impériaux

RUE JEAN-JACQUES ROUSSEAU, 58

——

1869

1er mai 1869.

MONSIEUR LE MINISTRE,

J'ai l'honneur de vous adresser le tableau général des améliorations et progrès réalisés dans le service des Musées impériaux depuis 1853, époque de la constitution de la liste civile impériale, jusqu'à nos jours.

Votre Excellence trouvera dans ce rapport les résultats de ma gestion, c'est-à-dire le relevé des sommes consacrées au personnel et au matériel des Musées; la destination des crédits affectés à l'accroissement des collections composant les divers départements de mon administration; la mention des dons considérables de S. M. l'Empereur; les crédits extraordinaires accordés; les envois des ministères; les dons ou legs souvent très-importants faits par différentes personnes; l'indication des notices rédigées par MM. les Conservateurs et Conservateurs adjoints; l'énumération des salles nouvelles livrées aux artistes, aux savants et aux visiteurs dans une période de dix-huit années; enfin le résumé des dispositions prises pour faciliter l'accès ou l'étude des inestimables richesses qui, grâce à la protection aussi puissante qu'éclairée de S. M. l'Empereur, font du Musée du Louvre et de ses dépendances le musée le plus varié et le plus complet des musées européens.

Veuillez agréer, Monsieur le Ministre, l'expression de mes sentiments de haute considération.

Le Sénateur, Surintendant des Beaux-Arts,
Membre de l'Institut,

Cte DE NIEUWERKERKE.

MUSÉES IMPÉRIAUX.

I

BUDGETS ORDINAIRES. — LEUR EMPLOI.

CRÉDITS EXTRAORDINAIRES.

DONS DE S. M. L'EMPEREUR, ETC.

DONS PARTICULIERS, ETC.

RAPPORT

DE

M. LE Cᵀᴱ DE NIEUWERKERKE

Sénateur, Surintendant des Beaux-Arts, Membre de l'Institut,

A S. EXC. LE MINISTRE

DE LA

MAISON DE L'EMPEREUR ET DES BEAUX-ARTS.

Le service des Musées impériaux a l'administration et la conservation de tous les objets d'art qui sont compris dans la dotation de la Couronne, ou qui deviennent la propriété de l'État, en vertu de l'art. 6 du sénatus-consulte du 12 décembre 1852, ainsi conçu : « Les monuments et les objets d'art qui seront placés dans les maisons impériales, soit aux frais de l'État, soit aux frais de la Couronne, seront et demeureront propriétés de la Couronne. »

Ces objets sont répartis dans les Musées :

Du Louvre,

Du Luxembourg,

De Versailles,

De Saint-Germain,

Et dans les différentes résidences impériales.

Les dépenses de ce service peuvent être classées d'une manière générale, de la façon suivante :

Personnel,
Matériel et entretien,
Acquisitions,
Encouragements.

Voici le tableau des crédits alloués par la Liste Civile depuis 1853 jusqu'en 1868 inclusivement.

Budget de :		PERSONNEL.	MATÉRIEL.	ACQUISI-TIONS.	ENCOURAGE-MENTS.
1853.........	883,000	201,300	152,700	100,000	383,000
1854.........	630,000	201,300	152,700	36,000	240,000
1855.........	665,000	208,800	168,200	48,000	240,000
1856.........	521,000	207,800	163,200	50,000	100,000
1857.........	625,000	211,400	163,600	50,000	200,000
1858.........	655,000	213,000	197,000	70,000	175,000
1859.........	768,200	207,740	200,460	70,000	200,000
1860.........	670,000	212,000	188,000	70,000	200,000
1861.........	773,700	225,700	238,000	100,000	210,000
1862.........	693,200	248,200	235,000	100,000	110,000
1863.........	806,000	269,950	216,050	100,000	220,000
1864.........	812,800	276,750	216,050	100,000	220,000
1865.........	793,100	277,050	216,050	100,000	200,000
1866.........	797,500	277,850	219,650	100,000	200,000
1867.........	813,300	310,650	202,650	100,000	200,000
1868.........	800,300	310,850	189,450	100,000	200,000
Total eu seize années......	11,661,100	3,860,340	3,118,760	1,294,000	3,298,000
Musée de Saint-Germ., 1867 et 1868.....	103,600				
Total général.	11,764,700				

Il est nécessaire d'ajouter au tableau précédent quelques remarques qui serviront à le mieux faire comprendre.

Dans le personnel figurent 117 gardiens recevant des appointements annuels de 1,000 à 1,500 fr., suivant leur grade.

Dans le matériel sont compris les restaurateurs, les ouvriers mouleurs, les imprimeurs, etc.; en un mot, toutes les personnes payées à la journée.

Les chiffres des acquisitions, pour accroissement des collections, sont ceux du budget ordinaire; mais il importe de faire observer que des crédits extraordinaires fort élevés ont été accordés à plusieurs reprises pour des achats; ainsi, au total de :

> 1,294,000 inscrit ci-dessus, il faut ajouter :
> 300,000 pour les tableaux acquis de la
> duchesse de Dalmatie,
> 4,800,000 pour achat du Musée Campana.

Total... 6,394,000

Mais ce n'est point tout encore. Les collections se sont accrues de dons extrêmement fréquents de S. M. l'Empereur, comme on le verra ci-après, dons comprenant un nombre considérable d'objets payés sur sa cassette particulière. Enfin, les différents ministères ont fait au Louvre, à diverses reprises, des envois d'une grande importance.

Dans la colonne des encouragements aux artistes sont inscrites les acquisitions faites à la suite des salons par S. M. l'Empereur; les commandes nombreuses et largement rétribuées aux graveurs, dont les planches viennent accroître le fonds de la Chalcographie.

Après avoir ainsi exposé sommairement l'économie
générale du budget des Musées impériaux, il convient,
sans entrer dans tous les détails que le sujet comporte-
rait, d'examiner ce qui s'est passé dans chaque département depuis 1853 ; d'énumérer les acquisitions ou les
dons qui sont venus accroître ses richesses ; de citer les
noms des généreux donateurs ; d'établir la situation pré-
sente telle qu'elle résulte des inventaires et des catalogues dressés par les soins de MM. les Conservateurs et
Conservateurs adjoints.

Dans un précédent rapport sur les travaux de rema-
niement et d'accroissement réalisés de 1840 à 1863,
j'avais déjà en partie abordé ces questions. De grandes
choses ont été exécutées depuis : en outre, des modifications importantes dans l'administration, dans les travaux, dans les localités ayant été introduites, j'ai dû
reprendre ce premier travail, le refondre et le compléter
pour le conduire sans lacunes jusqu'à l'époque actuelle.
En ce qui touche la situation des Musées antérieurement
à l'année 1853, je crois devoir renvoyer aux préliminaires
de ce rapport, adressé à Son Excellence le Ministre de la
Maison de l'Empereur et des Beaux-Arts (1).

(1) Ce rapport, formant un volume in-8° de 124 pages, a été imprimé en
1863.

MUSÉE DU LOUVRE.

II. 2.

DÉPARTEMENT DES ANTIQUITÉS ÉGYPTIENNES.

DÉPARTEMENT DES ANTIQUITÉS ÉGYPTIENNES.

Les monuments et objets divers d'antiquités égyptiennes entrés au Louvre, à titre de dons ou d'acquisitions, depuis l'avénement de S. M. L'EMPEREUR NAPOLÉON III jusqu'au mois d'août 1868, s'élèvent au chiffre de 10,580. Ce département, très-riche en objets de toute nature, possède notamment une collection de figures de Divinités sans rivale en Europe.

DONS.

ANNÉES.	DONATEURS.	DÉSIGNATION DES OBJETS.	NOMBRE DES OBJETS.
1853	Cte DE VIEL-CASTEL.	Statuette et amulette	2
»	MARIETTE.	Figurines en bronze; taureau et pendant de collier en faïence.......	3
»	POURTALÈS.	Stèle en calcaire.................	1
»	Vte DE ROUGÉ.	Statuette; figurine; plaque et objets symboliques en faïence..........	7
»	MARIETTE (envoi)	Bijoux; chaînes; ornements; figurines; scarabées; colliers; amulettes en matières précieuses	24
»	»	Stèle en calcaire; scarabées; figurines en bronze.................	5

ANNÉES.	DONATEURS.	DÉSIGNATION DES OBJETS.	NOMBRE DES OBJETS.
1853	CLOT-BEY.	Amulette gnostique	1
1854	DE SAULCY.	Figurine en pâte émaillée	1
1855	BATISSIER.	Rouleaux de papyrus égyptiens et fragments de papyrus grecs......	4
»	J.-B. GREENE.	Fragment de toile, portant le nom d'un prince	1
»	MARIETTE.	Bague en terre émaillée	1
»	CLOT-BEY.	Éperviers en bronze..............	4
»	»	Fragment de papyrus, portant des vers d'Homère	1
1856	MARIETTE (envoi).	Pierres du tombeau d'Ounnofré, à Memphis......................	10
1857	L. FOULD.	Scarabées en schiste..............	4
»	Vte DE ROUGÉ.	Scarabées et deux amulettes.......	3
»	MARIETTE.	Statuette de Ptah en bronze	1
»	CLOT-BEY.	Cachet d'un papyrus..............	1
1858	MARIETTE (envoi).	Fragments de manuscrits grecs.....	9
»	»	Œufs de poule et deux manuscrits démotiques....................	6
»	Pce NAPOLÉON	Stèle en calcaire. Inscription sur grès. Stèle funéraire de la XIXe dynastie.	3
1859	DE SALVERTE.	Scarabée en schiste..............	1
»	CLOT-BEY.	Écheveau et peloton de fil végétal....	2
»	FOULD.	Amulette de porcelaine	1
»	MARIETTE.	Disque en bronze, provenant d'un miroir........................	1
1860	Dc DE LUYNES.	Beau manuscrit hiératique.........	1

ANNÉES.	DONATEURS.	DÉSIGNATION DES OBJETS.	NOMBRE DES OBJETS.
1862	Cᵗᵉ TYSZKIE- WICZ.	Scarabées, amulettes , figurines de divinités, couvercle de cercueil et autres objets de toute nature	194
»	Pᶜᵉ ZAGIELL.	Manuscrit hiératique	1
»	Mᵐᵉ DE PRU- D'HOMME.	Petite figurine funéraire ; crocodile momifié et verroteries.	3
»	H. DE MON- TAUT.	Sarcophage en bois	1
1863	S. A. LE VICE- ROI D'ÉGYPTE	Bas-relief en calcaire et inscription grecque provenant de Sérapeum. .	2
»	SALZMANN.	Scarabée et amulettes.	8
»	RÉVOIL.	Stèle en calcaire	1
»	Pᶜᵉ NAPOLÉON	Bloc en calcaire; linteau de porte et stèle de l'ancien empire ; inscrip- tion hiéroglyphique sur grès.	4
1864	MAXIME DU- CAMP.	Fragment de manuscrit hiératique. . .	1
1865	Dʳ CAMPANYO.	Brique émaillée.	1
»	DE CHANCEL.	Fragment de statuette en granit noir.	1
»	DEVÉRIA.	Tête de statuette, base de cône funé- raire et deux objets en terre émail- lee	5
»	»	Étui double à collyre et papyrus. . . .	2
»	CAILLAUD.	Moulage en plâtre stéariné.	1
»	P. BERTHIER.	Tige de papyrus.	1
1866	CARFORD	Stèle funéraire.	1
»	Général DES- VAUX.	Ostracon grec.	1
»	DEVÉRIA.	Poupée en bois sculpté, ostracon dé- motique et fragment de calcaire. .	5

ANNÉES.	DONATEURS.	DÉSIGNATION DES OBJETS.	NOMBRE DES OBJETS.
1866	Bibliothèque impériale.	Empreinte en soufre, de deux sarcophages......................	2
»	GOSSET.	Fragment de papyrus hiératique important	1
»	P. BUCHÈRE.	Fragments de statuettes en calcaire ; tête en granit rose..............	3
1867	Institut impérial de France.	Papyrus grec et papyrus copte......	2
»	GIBERT père et fils.	Moulage en plâtre de la coiffure d'Osiris	1
»	RENAN.	Quatre fragments de statuettes et fragment de cône en granit gris...	5
»	MARIETTE.	Moulage de quatorze bas-reliefs de l'ancien empire................	14
1868	S. A. LE VICE-ROI D'ÉGYPTE	Moulage de deux statues : le roi X'anra, la reine Ameniritis.......	2
»	LAIR.	Fragment d'un manuscrit hiératique sur peau ; deux coffrets funéraires avec légendes.................	3

DÉPARTEMENT DES ANTIQUITÉS ÉGYPTIENNES.

ACQUISITIONS.

ANNÉES.	DÉSIGNATION DES OBJETS.	PRIX.	
1853	Un papyrus	400.	»
»	Figurines en bronze...................	120.	»
»	Id................................	10.	»
»	Deuxième partie de la collection Clot-Bey, — 2,397 objets........................	20,000.	»
1854	Un sarcophage.........................	1,500.	»
»	Statuettes, bronzes, bas-reliefs, sarcophage...	11,500.	»
1855	Stèles, figurines, amulettes, scarabées, bague.	370.	»
»	Quatre vases canopes.....................	100.	»
1856	Papyrus	120.	»
»	Quatre statuettes en bronze...............	40.	»
1857	Statuettes et stèles......................	203.	70
»	Collection Anastasi — 262 objets...........	11,291	20
1858	Miroir en bronze et papyrus...............	80.	»
»	Scarabées et amulettes...................	247.	80
»	Deux scarabées funéraires................	100.	»
»	Amulettes et scarabées...................	93.	45
1859	Collection de Palin — 102 objets...........	5,000	»
»	Deux manuscrits.......................	500.	»

ANNÉES.	DÉSIGNATION DES OBJETS.	PRIX.	
1859	Une stèle.................................	8.	»
1860	Collection L. Fould — 170 objets............	31,848.	65
»	Collection Frisch.........................	2,500.	»
1862	Amulette et deux stèles....................	98.	»
»	Neuf objets en or qui ne peuvent être évalués ici, ayant été extraits pour le Département des antiquités égyptiennes, par M. de Longperrier, d'une collection d'objets divers, acquise au prix total de 20,000 fr	»	
»	Une boîte de momie et un couvercle........	1,200.	»
1864	Bassin et aiguière en bronze..............	400.	»
»	Sarcophage en bois....	800.	»
»	Collection Delaporte — 940 objets...........	15,000.	»
1866	Figurines en bronze et en terre émaillée, et camée...............................	500.	»
1867	Collection Raifé.........................	1,012.	20
1868	Collection Rousset-Bey — environ 1,160 objets formant les trois quarts de la collection ; l'autre quart comprend des objets d'art grecs.	25,000.	»

MUSÉE DU LOUVRE.

II. 2.

DÉPARTEMENT DES ANTIQUES ET DE LA SCULPTURE MODERNE.

DÉPARTEMENT DES ANTIQUES.

ENVOIS DES MINISTÈRES.

Les envois des différents Ministères comprennent des objets appartenant aux quatre sections dont se compose le Département des Antiques et de la Sculpture moderne.

ANNÉES.	MINISTÈRES.	DÉSIGNATION DES OBJETS.
1853	S. E. LE MINISTRE DE L'INSTRUCTION PUBLIQUE.	Collection de terres cuites antiques, recueillies à Tarse, en Cilicie, par M. Victor Langlois. — Quatre inscriptions grecques et un petit autel de marbre de la même provenance.
1856	S. E. LE MINISTRE DE LA GUERRE.	Collection d'objets antiques trouvés en Crimée : une figure de marbre grossièrement sculptée ; une figure de pierre sans tête ; 106 vases de terre rouge ; 24 vases de verre, 3 d'albâtre ; 22 figurines de stuc et de terre cuite ; une figure de bois doré ; 9 colliers de pâte de verre ; divers vases de bois, etc. ; un cippe portant une inscription gravée par les habitants de Tomi, en l'honneur de l'empereur Adrien (trouvé dans la Dobrutscha) ; 13 miroirs de bronze sans gravure ; 3 torques ; 27 armilles ; 87 boucles ; 18 fibules ; 2 anneaux ; 26 pointes de flèche ; 10 pièces de serrure et un grand nombre de fragments de bronze.

ANNÉES.	MINISTÈRES.	DÉSIGNATION DES OBJETS.
1856	S. E. LE MINISTRE DE LA GUERRE.	Un devant d'autel et une grande colonne avec chapiteau en marbre d'Algérie.
1863	S. E. LE MINISTRE D'ÉTAT.	Par suite du vote du Corps législatif (1861) d'une somme de 4,800,000 fr., applicable à l'acquisition des collections formées à Rome par le marquis Campana, S. Exc. M. le Ministre d'Etat, après avoir prélevé sur ces collections les objets doubles, dont il a fait présent aux Musées de départements, a livré à S. Exc. M. le Ministre de la Maison de l'Empereur, toute la partie réservée pour les Musées impériaux. Le département des antiques a reçu, pour sa part, près de 300 marbres; 50 peintures; plus de 2,000 vases peints ; 1,400 vases non peints ; 1,600 terres cuites, dont quelques-unes de très-grandes dimensions ; 1,000 inscriptions sur marbre ou terre cuite ; plus de 600 bronzes, et une collection de bijoux, pierres gravées et menus objets d'ivoire, d'os, d'émail, d'environ 1,100 pièces ; une riche série de vases de verre et de fragments précieux de verres colorés. A la même époque, le Ministre d'État remettait encore au Ministre de la Maison de l'Empereur, pour le Louvre, les antiquités rapportées de Phénicie, de Syrie, de Macédoine et de Galatie, à la suite des missions données par l'Empereur à MM. Renan, Heuzey et Perrot. Ces collections se font remarquer par la grande dimension de plusieurs monuments phéniciens, tels que huit sarcophages d'ancien style, trois belles inscriptions phéniciennes, des bas-reliefs, des inscriptions grecques et latines.

ANNÉES.	MINISTÈRES.	DÉSIGNATION DES OBJETS.
1864	S. E. LE MINISTRE DE L'INSTRUCTION PUBLIQUE.	Base de candélabre en marbre blanc, portant une inscription bilingue grecque et phénicienne, trouvée à Malte ; donnée à Louis XVI par le chevalier de Rohan, et conservée à la bibliothèque Mazarine.
»	S. E. LE MINISTRE DES BEAUX-ARTS.	Monuments recueillis dans l'île de Samothrace par M. Champoiseau : Fragments considérables d'une figure colossale de la Victoire, marbre ; 2 stèles avec bas-reliefs ; onze fragments de sculptures et détails d'architecture ; 10 inscriptions grecques ; quelques fragments de terres cuites.
»	»	Antiquités recueillies en Macédoine et dans l'île de Thasos, par M. E. Miller, membre de l'Institut, à la suite d'une mission donnée par l'Empereur : quatre grands pieds droits sculptés, une colonne à inscription ; 5 chapiteaux trouvés à Salonique ; bas-reliefs de très-ancien style grec, avec inscriptions, provenant de Thasos ; collection d'inscriptions grecques.
1865	»	Inscription latine sur marbre, trouvée en Portugal.
1866	S. E. LE MINISTRE D'ÉTAT.	Sculptures recueillies en Chypre par M. Duthoit, par suite d'une mission accordée par le Ministre d'Etat. Cette collection comprend une serie de fragments de statues, de pierre calcaire, et de têtes detachées appartenant à des époques fort reculées ; des terres cuites du même style, et des inscriptions tumulaires de personnages français morts dans l'île de Chypre pendant les xiiie et xive siècles ; divers fragments d'architecture.

ANNÉES.	MINISTÈRES.	DÉSIGNATION DES OBJETS.
1865 ou 1866?	S. E. LE MINISTRE DE LA MAISON DE L'EMPEREUR.	Grand vase d'Amathonte, monument colossal de pierre, et stèle à fronton ; mission Duthoit. Objets antiques recueillis à Hadrumète, par suite de la mission donnée à M. Daux par l'Empereur : grandes amphores à vin ; vases à eau de diverses formes ; figurines de terre cuite ; lampes à reliefs avec sujets chrétiens, fragments de fresques.

SCULPTURE MODERNE.

ANNÉES.	MINISTÈRES.	DÉSIGNATION DES OBJETS.
1853 à 1867	S. E. LE MINISTRE D'ÉTAT et S. E. LE MINISTRE DES BEAUX-ARTS.	Marbres provenant de la collection Campana : un groupe ; deux statues d'apôtres ; seize bas-reliefs ; treize portions de pilastres ornés d'arabesques, statuettes, etc. — Quatre copies modernes envoyées de Rome : Jeune Romaine, — Athlète, — Diane de Gabies, — Livie. — Virgile et Dante, médaillons de bronze, par Préault ; l'Amour et Psyché, groupe, par Ottin ; une jeune fille, par Renoir; un sauvage de l'Amérique du Nord, par Guillemin ; Sapho, statue de plâtre, par Robinet ; Agrippine et Caligula, groupe de marbre, par Maillet ; la Pudeur cède à l'Amour, groupe de marbre, par J. Debay ; la Vérité, statue de marbre, par Cavelier ; Enfant jouant avec une tortue, groupe de marbre, par Hébert; Bacchante, buste de marbre, par Pollet ; l'Immortalité, statue de bronze, d'après Cortot, réduction faite par M. Gatteaux.

ANNÉES.	MINISTÈRES.	DÉSIGNATION DES OBJETS.
1853 à 1867	S. E. LE MINISTRE D'ÉTAT et S. E. LE MINISTRE DES BEAUX-ARTS.	Fragments du tombeau d'Anne de Montmorency ; morceaux de réception des anciens membres de l'Académie des Beaux-Arts : Fleuve couché, par Foucou ; Génie du printemps, saint Sébastien, par Dejoux ; Œdipe, par Lecomte ; Pluton, par Pajou; Archimède, par Boquet ; Gladiateur, par Julien ; Méléagre, saint Barthélemy, Morphée, par Houdon ; Mutius Scævola. — Ecole de Fontainebleau (XVIe siècle) : Diane et Apollon perçant de fleches les enfants de Niobé, plâtre moulé sur le bas-relief original de marbre, placé comme ornement de cheminée chez M. de Luçay ; Eurydice, par Nanteuil ; Nymphe, par Levêque ; et un grand nombre de statues et bustes de personnages modernes placés au Musée de Versailles et mentionnés sur l'état de cette conservation.

MONUMENTS ASSYRIENS, BABYLONIENS, PHÉNICIENS, PALMYRÉNIENS, JUIFS ET ARABES.

DONS.

ANNÉES.	DONATEURS.	DÉSIGNATION DES OBJETS.
1855	E. DELESSERT.	Collier phénicien en pâte de verre, trouvé dans l'île de Sardaigne.
1856	Duc DE LUYNES.	Grand sarcophage d'Eschmounazar, roi des Sidoniens.
»	MARIETTE-BEY.	Figurine de terre cuite, portant une inscription phénicienne.
1857	Cte DE NOLIVOS.	Scarabée phénicien, trouvé en Sardaigne.
1860	GUILLAUME REY.	Collection de terres cuites, de figurines de pierre et de divers bronzes, recueillis en Assyrie, en Phénicie et en Chypre ; quatre grands mascarons de lion, en bronze et anneaux de fer, trouvés en Phénicie ; revêtement de bronze d'un bouclier et joue de casque, provenant de Chypre ; figurine de Cérès en argent, avec socle du même métal, trouvée en Phénicie ; grande statue de pierre, trouvée à Dali, en Chypre, et représentant un personnage barbu, couronné de feuillage ; deux bustes peints ; dés de mosaïque, etc. ; fragment d'une figure colossale représentant un roi phénicien, trouvé près de Sarepta ; sarcophage phénicien en marbre blanc, trouvé à Amrit ; couvercle de sarcophage en forme de femme couchée, trouvé à Byblos.

ANNÉES.	DONATEURS.	DÉSIGNATION DES OBJETS.
1860	F. DE SAULCY.	Amulette babylonienne de bronze et moulage d'une pierre gravée avec inscription magique.
»	TYSZKIEWICZ.	Petit cylindre babylonien et lampe en forme de tête de nègre (bronze).
1862	ROLLIN ET FEUARDENT.	Une tessère de terre cuite portant une inscription palmyrénienne.
»	F. DE SAULCY.	Deux plaques d'un collier d'or à relief tres-antique, trouvées dans l'île de Rhodes.
1863	GUILLAUME-REY.	Un bloc de marbre portant une inscription phénicienne de Malek-Iatan, roi de Cittium.
»	F. DE SAULCY.	Sarcophage et fragment de couvercle de sarcophage, trouvés dans le tombeau des rois de Juda, à Jérusalem. Pierre blanche calcaire.
»	Cte Melchior DE VOGUÉ.	Inscription royale phénicienne de Saïda ; tête provenant de Palmyre ; inscription bilingue de Larnaca ; quarante-huit têtes ; fragments de statues, ex-voto, etc., achetés par lui en Chypre.
»	WADDINGTON.	Inscription arabe de l'an 491 de l'hégire, trouvée à Saïda ; autel portant une inscription palmyrénienne ; deux inscriptions nabatéennes de Hébran et Bostra.
»	WADDINGTON ET DE VOGUÉ.	Trois inscriptions araméennes et deux têtes de basalte, le tout provenant de Siah ; deux têtes de basalte du Haouran ; huit inscriptions en arabe antique du désert de Safa.

ANNÉES.	DONATEURS.	DÉSIGNATION DES OBJETS.
1863	Cᵗᵉ DE VOGÜÉ.	Objets envoyés au Musée par suite de la mission de M. le comte de Vogüé : cent soixante-douze têtes, animaux, ex-voto, inscriptions chypriotes, etc., chapiteaux provenant des fouilles exécutées en Chypre.
»	BERGER DE XIVREY	Legs d'une tête de pierre peinte, trouvée à Edesse, en Mésopotamie.
1864	Victor PLACE.	Neuf saumons de fer, recueillis en Assyrie.
»	F. DE SAULCY.	Sarcophage du tombeau des rois à Jérusalem, portant une double inscription ; couvercle d'un autre sarcophage ; battant d'une porte de pierre, du même lieu ; fragments de couteaux de silex, provenant de Bethléem ; coquilles de pourpre ; bas-relief représentant le chandelier à sept branches ; coffret de pierre ; urnes cinéraires de terre cuite ; fragments de chapiteaux ; fragment de colonne avec inscription hébraïque moderne.
1865	BARRÈRE.	Lampe de mosquée, envoyée de Damas ; bronze.
»	DELAPORTE.	Quatre très-grands bas-reliefs assyriens du palais de Nemrod ; six autres de moindre dimension ; une inscription cunéiforme sur table d'albâtre ; six fragments de terre cuite, portant des inscriptions cunéiformes.
»	PÉRETIÉ.	Figurine d'ivoire, trouvée en Phénicie.
1866	IZZET-PACHA.	Un des sarcophages provenant du tombeau des rois à Jérusalem ; pierre sculptée.

ANNÉES.	DONATEURS.	DÉSIGNATION DES OBJETS.
1866	Duc DE LUYNES.	Bas-relief de basalte, représentant un roi moabite.
»	OPPERMANN.	Fragments de figurines de terre cuite, trouvés aux environs de Constantine.
»	F. DE SAULCY.	Petite figurine de schiste et fragments de bijou ; bas-relief antique recueilli à Ascalon ; trois briques susiennes portant des inscriptions cunéiformes.
»	Cte Melchior DE VOGUÉ.	Inscription phénicienne , pierre calcaire.
1867	ACADÉM. DES INSCRIPTIONS ET BELLES-LETTR.	Bas-relief assyrien ; grande inscription cunéiforme assyrienne ; fragments de bas-reliefs de même provenance.
»	DE RYSCHKAN.	Trois inscriptions cunéiformes sur briques et sept figurines de terre cuite, rapportées de Babylonie.
1868	SMITH (Georges).	Fac-simile d'un cylindre de l'ancien empire babylonien.

MONUMENTS ASSYRIENS, BABYLONIENS, PHÉNICIENS, PALMYRÉNIENS, JUIFS ET ARABES.

ACQUISITIONS.

ANNÉES.	DÉSIGNATION DES OBJETS.	PRIX.
1853	Sarcophage phénicien dont la gaine représente une femme couchée ; marbre blanc trouvé à Tripolis................................	
»	Lion couché, de travail phénicien, trouvé près de Beyrouth ; granit noir	7,000. »
»	Coupe d'argent doré, de travail assyrien, décorée de figures en relief, trouvée a Larnaca, en Chypre ....:..........	
»	Peigne assyrien en ébène, orné d'une figure de lion sculptée........................	200. »
1855	Vase antique de verre blanc opaque, décoré de fruits en relief. Travail juif..............	145. »
1858	Canéphore dont le corps est couvert d'inscriptions cunéiformes. Statuette en bronze antique, trouvée près de l'Euphrate	800. »
»	Tablette de pierre opisthographe, portant une longue inscription cunéiforme qui contient le nom d'Ammourabi, roi de Babylone	
1859	Trente cylindres babyloniens, dont plusieurs avec inscriptions cunéiformes	800. »
.	Deux pierres gravées, avec inscriptions phéniciennes	

ANNÉES.	DÉSIGNATION DES OBJETS.	PRIX.
1860	Treize cylindres babyloniens, dont cinq avec inscriptions cunéiformes.................	1,000. »
1861	Statuette d'un guerrier, en bronze, et vingt figurines phéniciennes en terre cuite, trouvees dans l'ancienne Phénicie.............	1,500. »
1863	Figurine en albâtre oriental, trouvée à Babylone..............................	400. »
1864	Figurine d'un guerrier, de travail phénicien, bronze............................	300. »
»	Deux tablettes de pierre portant des inscriptions babyloniennes avec noms de rois.....	250. »
1866	Trépied babylonien et pied de siége antique : bronzes ; briques babyloniennes vernissees ; briques arabes vernissées ; cinq petites briques portant des inscriptions cunéiformes ; quatre figurines babyloniennes..........	1,000. »
1867	Collection de quatre cents objets antiques, rapportée de Babylonie et de Syrie : bas-reliefs ; figurines de terre cuite et d'albâtre ; vases de verre et de terre cuite émaillée ; cylindres assyriens et babyloniens ; pierres gravées sassanides, camées, bijoux, lampes....	8,000. »
1869	Une collection de 160 objets antiques, provenant des fouilles de Larnaca, en Chypre...	6,000. »

MONUMENTS GRECS, ÉTRUSQUES, ROMAINS.

DONS.

ANNÉES.	DONATEURS.	DÉSIGNATION DES OBJETS.
1862	S. M. L'EMPEREUR.	Poids en forme de buste de Minerve : bronze trouvé à Civita-Nova.
1864 1866		Deux grands candélabres en bronze ; un vase de bronze provenant d'Aubercia, canton de Cambronde (Puy-de-Dôme); — Une statue en marbre blanc : génie ailé tenant des couronnes : torse de marbre ; deux têtes de femmes romaines, marbres provenant du Palatin ; — sept vases de bronze, trouvés près du Tibre ; deux coupes filigranées, du plus curieux effet en ce genre ; deux coupes de verre de couleur, trouvees par le capitaine Bastien, dans les fouilles faites par lui à Toscanella ; moulage de la colonne Trajane et reproduction en bronze par la galvanoplastie.
1853	M. DELESSERT.	Bracelet antique, composé de deux feuilles d'or, trouvé à Sparte.
1853	H. DE JANZÉ.	Grand vase peint et décoré de six figures de ronde-bosse, trouvé en Apulie.
		Sirène, figurine de terre cuite, trouvée en Cyrenaïque.

ANNÉES.	DONATEURS.	DÉSIGNATION DES OBJETS.
1853	MAZOILLIER et V. LANGLOIS.	Fragments de vases antiques, trouvés à Tarse, dont vingt-deux ornés de reliefs et vernissés, huit non vernissés, dont deux avec inscriptions; trois fragments en pâte de verre, imitant l'agate.
1854	WADDINGTON.	Trois bas-reliefs antiques, marbres grecs, recueillis à Cyzique (Asie Mineure).
1855		Bas-relief funéraire, trouvé à Rhodes.
1855	E. DELESSERT.	Vase antique en forme de sirène, trouvé dans l'île de Sardaigne.
1855	Léon LALANNE.	Poids de 3 onces italiques, plomb, trouvé à Kustendjé (Dobrutscha).
1855	RATTIER.	Bas-relief grec représentant une femme appuyée sur un vase : marbre blanc, trouvé à Cherchell (Afrique).
1856	DEVÉRIA.	Petit lécythus peint antique, représentant les Charites.
1856	G. D'EICHTHAL.	Coupe peinte grecque, provenant de l'Étrurie; coupe d'ancien style grec, décorée d'un lion entouré de feuillages.
1856	MARIETTE-BEY.	Terres cuites de travail romain; tablettes de cire portant des inscriptions grecques; tablettes de marbre et cartel en bois avec inscriptions; trois figures de lion en marbre blanc et une en pierre calcaire.
1856	MONTALEMBERT.	Camée antique, en pâte de verre (buste de Rome casquée).
1856	PELET.	Vase de verre antique, trouvé à Nîmes (fond translucide décoré de figures de Pygmées combattant des grues, en application opaque de diverses couleurs).

ANNÉES.	DONATEURS.	DÉSIGNATION DES OBJETS.
1856	ROCHES.	La Terre, le Ciel et la Mer : bas-relief antique, trouvé à Carthage.
1857	MARIETTE-BEY.	Statuette de bronze, provenant de M. Massari.
1858	M. DE MALEROY.	Grand pavé en mosaïque antique (fond blanc avec ornements de diverses couleurs), trouvé dans les environs de Rome.
1859	ROBERT et BLON-DEAU.	Monuments antiques recueillis dans les fouilles exécutées par les donateurs dans la Dobrutscha : deux inscriptions grecques; deux inscriptions latines; un chapiteau et un baptistere antiques, décorés de croix et d'acanthes.
1859	SAUVAGEOT.	Figurine de femme, terre cuite grecque ; pâte de verre antique ; treize fragments de poterie antique, décores de reliefs.
1860	BIZET.	Casque gaulois d'or, de fer et de bronze, trouve à Anfreville.
1860	LAMAZOU.	Petite ampoule de terre blanche, trouvée en Syrie.
1860	F. LENORMANT.	Une collection d'antiquités trouvées à Eleusis et a Mégare : trois boucles d'oreilles en or, décorees d'une tête d'Apollon en relief; deux têtes, une statuette fruste et deux fragments de bas-relief en marbre blanc ; trente figurines et bustes en terre cuite; un grand nombre de vases, de lampes chrétiennes, de glands de plomb portant des inscriptions grecques, etc.
1860	A. DE LONGPÉRIER	Miroir étrusque avec inscriptions; buste de Gordien d'Afrique en bronze.

ANNÉES.	DONATEURS.	DÉSIGNATION DES OBJETS.
1860	F. DE SAULCY.	Trois vases d'ancien style grec, trouvés à Sicyone ; plaque de bronze avec inscription latine, trouvée à Bourg (Ain).
1860	SIAU.	Tête de Sénèque en marbre blanc, trouvée dans la commune d'Auch.
1860	M. DE VALORY.	Pierre gravée antique (cornaline) représentant Commode en Hercule.
1862	J. DARCEL.	Aigle antique de bronze, trouvée dans la Seine, près du Petit-Pont, à Paris ; vase grec de style très-ancien.
1862	GAULTIER DE CLAUBRY.	Torse antique de faune, marbre blanc, trouvé à Apollonie d'Épire.
1862	LEBARBIER.	Lingot de plomb portant une inscription latine et provenant des mines de Carthagene.
1863	BLOUET.	Legs d'une figurine grecque de femme, et d'un bas-relief avec inscription grecque, marbre blanc.
1863	RÉVOIL.	Coquille de bronze, herminette de fer et petit vase de verre.
1863	OUDRY.	Un gland de fronde en plomb, portant une inscription en relief.
1863	PÉRETIÉ.	Deux stèles de pierre avec figures peintes et inscriptions grecques, trouvées à Saïda.
1863	SALZMANN.	Quatre-vingt-sept vases, colliers et terres cuites, de très-ancien style, trouvés à Camirus, dans l'île de Rhodes.
1863	BILLARD.	Legs de deux petites figurines.
1864	DROUYN DE LHUYS	Un très-grand pithos de terre cuite, trouvé à Troesmis.

ANNÉES.	DONATEURS.	DÉSIGNATION DES OBJETS.
1864	Édouard GRASSET	Buste de la Victoire, stele et figure agenouillée : sculptures recueillies a Apollonie d'Epire.
»	Baronne DE MEL-ZOUNOFF.	Vase et plat de terre : objets antiques trouvés en Podolie.
»	SPENCE.	Figurine de bronze représentant Apollon, trouvée a Fiesole.
»	WADDINGTON.	Inscription grecque trouvée à Sidon.
1865	DEVÉRIA.	Deux anses de vases, style romain, trouvees en Egypte, bronze.
»	GRIOLLET.	Deux grands trépieds de bronze et un disque repoussé, du même métal, représentant des animaux, trouvés pres de Geneve.
1866	Alfred DARCEL.	Vase de terre grise, de très-ancienne fabrication étrusque.
»	DULEAU.	Gros morceau d'ambre travaillé en bas-relief ; haute antiquité.
»	PENNELLI.	Petit vase peint, de fabrique corinthienne.
1867	ANTOMARCHI.	Deux vases peints, de style grec.
»	Cte DE NOLIVOS.	Trois fragments de verre antique, remarquables par leur forme et leur irisation.
1869	S. M. L'IMPÉRA-TRICE.	Deux magnifiques boucles d'oreilles grecques archaïques, en or, et un pendant en or représentant une Victoire.

MONUMENTS GRECS, ETRUSQUES, ROMAINS.

ACQUISITIONS.

ANNÉES.	DÉSIGNATION DES OBJETS.	PRIX.
1853	Collection de bronzes antiques, recueillis dans la basse Egypte : figures d'animaux, candélabres, vases et lampes, patères, etc	5,000. »
»	Déesse assise, la poitrine couverte de trois rangées de mamelles : terre cuite d'ancien style..............	20. »
»	Muselière de cheval, bronze antique.........	180. »
»	Grande statue d'Apollon en bronze doré, trouvée à Lillebonne.......................	17,800. »
»	Vase peint, d'ancien style grec, décoré de trois rangs d'animaux.......................	95. 55
1854	Grande anse de vase, bronze antique de travail grec, décoré des figures des Dioscures, tenant leurs chevaux	800. »
1855	Disque en terre cuite peinte, trouvé en Sicile et représentant le buste de Diane, surmonté du croissant.......................	
»	Figurine de femme portant une oie, terre cuite grecque................................	
»	Antéfixe peint, d'ancien style grec et provenant d'un tombeau de Capoue................	685. »
»	Vase antique de terre cuite, en forme de coquille bivalve.......................	
»	*Adonis* et *Proserpine* (??), bas-relief en terre cuite colorée en blanc..................	
»	Deux bas-reliefs grecs en terre cuite, représentant des guerriers et une femme versant à boire à un jeune homme..............	

ANNÉES.	DÉSIGNATION DES OBJETS.	PRIX.
1855	Cléopâtre, reine de Syrie, mère d'Antiochus VIII ; figurine de bronze antique.........	204. »
»	Lampe antique de terre rouge, avec inscription, contenant un vœu pour la nouvelle année	10. »
»	Statuette de Vénus sortant du bain ; bronze grec................................	200. »
»	Deux pieds de ciste de bronze antique, représentant Hercule en combat avec les Pygmées. et Junon Lanuvina....................	600. »
»	Guerrier casqué , bronze antique, trouvé à Cadix................................	300. »
»	Troisième collection Vattier de Bourville, se composant de cinquante-cinq terres cuites antiques, trouvées à Bengazi, telles que : déesses de style très-ancien, génies funèbres, personnages bachiques, danseuses, acteurs et masques de théâtre	1,680. »
1856	Monuments antiques trouvés à Neuvy-Pailloux (Indre) : fragments de grands vases de bronze; deux masques humains ; trépied de fer; fragments de fresques	500. »
1857	Buste de l'Empereur Adrien, marbre antique.	250. »
»	Œnochoé peinte, de style phénico-grec, décorée de quatre rangées d'animaux.........	200. »
»	Deux amphores peintes, d'ancien style grec, représentant des guerriers et le combat d'Hercule et de l'Hydre................	400. »
»	Amphore grecque peinte, représentant un homme à tête de lion. Ancien style..... ...	
»	Monument votif en terre cuite, portant les bustes des trois dieux suprêmes..........	473. 60
»	Aristée portant le bélier ; bronze antique de Tarragone	
»	Cuillère d'argent antique, portant un monogramme et une croix niellés.............	

ANNÉES.	DÉSIGNATION DES OBJETS.	PRIX.
1858	Collection de bronzes étrusques : grande patère ; deux miroirs gravés ; deux candélabres ornés de figures ; quinze statuettes de Junon, de Mars, de Vénus, d'Hercule, etc.; masque de lion ; deux grands pieds de ciste decorés de têtes de Méduse d'ancien style..	5,300. »
»	Sept grandes amphores peintes grecques, représentant Hercule combattant le lion de Némée et emmenant le chien Cerbère, Achille et Hémithéa, les Dioscures, etc	1,200. »
»	Bronzes antiques : statuette de Vénus avec collier d'or ; quatre figurines : Esculape, nègre, génie aile, Gaulois blessé ; miroir étrusque avec figures et inscriptions......	1,247. 40
»	Grande figure de coq, bronze antique trouvé à Lyon. Lion de bronze provenant de la même ville.........	1,000 »
1859	Cloche dont l'ouverture offre la forme d'une *vesica piscis*. Bronze antique..............	120. »
»	Bellone, bronze italique de très-ancien style..	120. »
»	Statuette représentant un guerrier avec casque, cnémides et phalères	100. »
»	Figurine d'Apollon, portant sur les jambes une inscription en vieux caracteres grecs. Bronze antique de très-ancien style........	50. »
»	Grande amphore grecque à fond rouge et à figures noires, representant des Gorgones..	250. »
1860	Vase peint dont la panse est décorée d'imbrications. Très-ancien style..	278. 25
»	Amphore tyrrhénienne, représentant la naissance de Minerve	327. 50

ANNÉES.	DÉSIGNATION DES OBJETS.	PRIX.
1860	Faune et Faunisque, groupe de marbre antique.................................	17,325.
»	Buste d'Octavie, basalte vert antique........	9,925. »
»	Cuirasse gauloise de bronze, décorée d'ornements au repoussé, trouvée pres de Saint-Amour (Jura)......................	750. »
»	Tête de jeune Faune : marbre antique, trouvé à Trinquetaille.........................	800. »
1861	Colonne et chapiteau antiques en marbre blanc, trouvés à Vienne (Isere)	500. »
»	Lame courte de bronze, décorée de deux figures d'hommes renversés, de deux loups accroupis, d'un grand nombre d'oiseaux, etc., trouvée à Gergovie....................	700. »
»	Hercule, figurine de bronze	400. »
»	Amphore grecque à figures noires, représentant une Bacchante assise sur un taureau...	150. »
»	Vase de C. Atisius Sabinus, trouvé dans la vallée de Grésivaudan....................	30. »
»	Couronnement d'un cylindre représentant en relief une forteresse dans laquelle quatre grues attaquent des serpents, des chouettes et des grenouilles. Bronze trouvé à Lyon..	100. »
»	Jupiter assis, figure en marbre blanc, trouvé dans la Saône, à Lyon	100. »
»	Aigle sur une base creuse. Bronze antique ...	30. »
»	Casque et cnémide de bronze..............	1,200. »
1862	Foudre votif, décoré de ciselures en fleurons.	250. »

ANNÉES.	DÉSIGNATION DES OBJETS.	PRIX.
1862	Candélabre de travail étrusque, très-ancien...	700. »
»	Guerrier armé, bronze provenant d'Athènes...	500. »
»	Inscription grecque écrite en boustrophédon, trouvée dans l'île de Crete...............	100. »
»	Une table de bronze portant une inscription relative à l'édilité romaine	260. »
1863	Une collection de bijoux d'or trouvés en Egypte : deux sceaux royaux de Ptolémée V Epiphane ; un bracelet ; une paire de pendants d'oreilles ornés d'une tête de taureau et d'une émeraude ; une petite bague funéraire en forme de feuille d'or............	12,000 »
»	Une collection de quatre-vingt-treize vases et statuettes du plus ancien style phénico-grec, trouvés à Camirus, dans l'île de Rhodes....	6,000. »
»	Quarante-cinq bijoux d'or et d'argent, et collier d'émail.........................	2,500. »
»	Deux pendeloques d'or...	4,000. »
»	Couronnement d'un candélabre ; bronze.....	100. »
»	Feuille d'ivoire, partie d'un diptyque consulaire, sculpté sur les deux faces........	2,000. »
»	Figurine de Mercure assis ; bronze..........	120. »
»	Stèle de marbre, portant un décret en grec...	200. »
»	Figurine de Vénus ; bronze...............	50. »
»	Figurine d'Eros, dans l'attitude d'un sphériste ; bronze...........................	50. »
»	Sarcophage de marbre antique, représentant le Christ et les Apôtres...................	300. »

ANNÉES.	DÉSIGNATION DES OBJETS.	PRIX.
1864	Grande figure d'Isis, de travail romain ; bronze.	1,000. »
»	Candélabre avec figure posée sur un chariot ; bronze............................	600. »
»	Tête de griffon , travaillée au repoussé ; bronze............................	120. »
»	Moulage d'une inscription antique de Périgueux	50. »
»	Statue de la Fortune ; bronze..............	6,000. »
»	Tête d'homme, de grandeur naturelle ; travail étrusque............................	
»	Bras de femme , de grandeur naturelle ; bronze.	5,000. »
»	Jambe de bœuf (partie inférieure). Bronze...	
»	Figurine d'Hercule, tenant des flèches ; argent................................	1,300. »
»	Miroir étrusque avec inscription ; bronze.....	300. »
»	Pointe de lance avec inscription et garniture de hampe; bronze	400. ›
»	Anse de patère en forme de grand serpent...	250. »
»	Miroir gravé portant une inscription latine ...	100. »
»	Quatre fragments de figurines de terre cuite et un petit vase	80. »
»	Deux petites têtes de marbre et un moulage de terre cuite	39. »
»	Table de bronze, portant une inscription latine. (Trouvée à Constantine)..................	2,000. »

ANNÉES	DÉSIGNATION DES OBJETS.	PRIX.
1864	Un collier or et perles; cinq bagues d'or avec intailles ; monnaies de cuivre romaines , trouvées avec ces bijoux	2,250. »
»	Lampe en forme de belier portant une croix ; travail antique chrétien; bronze..........	2,000. »
1865	Dix-huit bronzes antiques: figures de diverses dimensions ; buste; très-grand lampadaire , siége. (Vente Pourtalès)	32,489. »
»	Six vases antiques peints ou décorés d'orne-ments	2,098. 95
»	Deux bas-reliefs grecs ; deux bustes, Marc-Aurele et Hérode-Atticus, en marbre......	3,224. »
»	Coupe de bronze émaillée, antique	300. »
1866	Deux grands vases peints , représentant le géant Tityus, et Hyllus présenté à Hercule ; une coupe peinte signée de Nicosthene.....	7,200. »
»	Dix-neuf statuettes de pierre calcaire, très-anciennes, trouvees dans l'île de Chypre....	2,350. »
»	Neuf vases peints............	
»	Une coupe peinte grecque, signée de l'artiste Hiéron....	65. 10
»	Petite coupe de bronze étamée à l'intérieur...	25. »
1867	Une figurine d'Atlas agenouillé; bronze......	100. »
»	Deux peintures d'Herculanum	1,160. 75
»	Tablette de bronze, portant une inscription latine du temps de la République romaine..	500. »
1868	Cent quatre-vingts objets en marbre, bronze, bois, or, argent, etc., faisant partie de la collection Rousset-Bey............... ...	5,000. »
»	Deux bustes de bronze : Auguste et Livie....	30,000. »

ANNÉES.	DESIGNATION DES OBJETS,	PRIX.	
1868	Minerve de bronze, trouvée à Pérouse.......	800.	»
1869	Figurine en terre cuite, représentant une truie jouant du tambourin...................	60.	»
»	Une lampe grecque, surmontée d'une tête de cheval; bronze..........	1,000.	»

MONUMENTS AMÉRICAINS.

DONS.

ANNÉES.	DONATEURS.	DÉSIGNATION DES OBJETS.
1861	S. M. L'EMPEREUR.	Trois haches de pierre et de bronze ; une cuve de métal.
1853	LA BÉDOLLIÈRE.	Ex-voto représentant une mamelle : granit noir, travail caraïbe.
1860	DE COLLEVILLE.	Collection d'antiquités recueillies à Antioquia (Nouvelle - Grenade) : deux figurines de terre cuite et trente-sept vases de terre décorés de peintures et d'ornements en relief.
1862	»	Deuxième envoi : vases péruviens et de la Nouvelle - Grenade ; figurine d'or ; petits instruments de bronze et rondelles de fuseaux.
1863	BIART.	Quatre figures mexicaines sculptées, lave.
»	CLOQUET.	Un vase en forme de figure assise, provenant de la Nouvelle-Grenade.
1869	R. QUIROS.	Trois figurines, quatorze vases, cinq fragments d'une statuette en bois peint, etc., provenant du Pérou.
»	N. VOIRGARD.	Deux vases chiliens.

MONUMENTS AMÉRICAINS.

ACQUISITIONS.

ANNÉES.	DÉSIGNATION DES OBJETS.	PRIX.
1854	Collection d'antiquités péruviennes : cent vases en terre peinte, en forme de figures humaines, d'animaux, de poissons, d'oiseaux, de fruits, de coquilles, etc.; vingt-deux figurines de terre cuite ; vingt têtes et bustes provenant de vases; un grand nombre d'ornements et d'ustensiles, tels que colliers, chapelets, disques, frondes, peignes, etc.; sept figurines ; trois vases et une aiguille d'argent	1.638. »
1856	Vase mexicain antique en terre grise et en forme de gourde, décoré d'une figure de vieillard en relief........................	200. »
»	Figurine d'or trouvée à la Nouvelle-Grenade..	90. »
1857	Antiquités trouvées dans la Nouvelle-Grenade : vase et quatre cylindres de jaspe et de serpentine	60. »
1859	Vase péruvien de terre pâle avec peintures rouges, représentant la lutte de deux divinités, en présence d'un personnage dans l'attitude de l'invocation..................	200. »
1863	Douze vases péruviens et un casse-tête en pierre	600. »

SCULPTURE MODERNE.

DONS.

Les dons faits à ce département par S. M. L'EMPEREUR se composant de statues et de bustes de personnages historiques, ont été placés au Musée de Versailles et sont mentionnés sur l'inventaire de cette conservation.

ANNÉES.	MAITRES.	DÉSIGNATION DES OBJETS.	DONATEURS.
1853	CANOVA.	Buste en marbre de Napoléon Ier, avec l'inscription: *Donné par l'Empereur au comte de Sussy* (1811).	Legs de M. H. DE SUSSY, petit-fils du Ministre.
1857	DUPRÉ (J.).	Abel mourant, statue, plâtre.	L'AUTEUR.
1858	HUBAC (L.-J.).	Hébé et un aigle.	Les fils de l'auteur
1860	INCONNU.	Buste de la Comtesse de la Ferte, marbre du XVIe siecle.	LAJOIE.
»	»	Figure d'un enfant royal du XVe siecle, provenant d'un tombeau.	
»	Jean GOUJON.	Moulages des bas-reliefs de Jean Goujon qui decorent la fontaine des Innocents, à Paris.	PRÉFET DE LA SEINE.
1861	INCONNU.	Deux bas-reliefs provenant du château d'Anet.	Cte DE CARAMAN.

4

ANNÉES.	MAITRES.	DÉSIGNATION DES OBJETS.	DONATEURS.
1862	INCONNU.	Buste de femme du XVIᵉ siecle.	MAYSTRE.
»	MINO DE FIESOLE	La Vierge et l'Enfant Jésus, bas-relief en marbre.	HIS DE LASALLE.
1867	SIMART.	Vénus soulevant sa draperie, marbre blanc.	Legs de M. MARCOTTE.

SCULPTURE MODERNE.

ACQUISITIONS.

ANNÉES.	MAITRES.	DÉSIGNATION DES OBJETS.	PRIX.	
1853	RICHIER (attri-bué à).	L'Enfant Jésus dans la creche......	»	)
1855	RICHIER.	Deux anges, fragments de sta-tuettes.......................	100.	)
1856	INCONNU.	Tête d'Henri IV en bronze........	4,000.	»
1862	»	Bas-relief représentant le passage de la mer Rouge (XVIᵉ siècle), prove-nant du Château de Charenton...	2,000.	»
1863	»	Bas-relief de pierre grise : tête de jeune homme ; travail italien....	3,000.	»
1867	»	Buste de Benivieni (Jérôme) ; terre cuite.	13,913.	»
1868	BACCIO BANDI-NELLI.	Buste d'homme en marbre blanc...	1,000.	)
1869	JACOPO DELLA GUERCIA (at-tribue a).	Neptune, haut-relief.............	2,000.	»

MUSÉE DU LOUVRE.

II. 3.

- DÉPARTEMENT DU MOYEN AGE, DE LA RENAISSANCE ET DES TEMPS MODERNES.

MUSÉE DES SOUVERAINS.

DÉPARTEMENT DU MOYEN AGE, DE LA RENAISSANCE ET DES TEMPS MODERNES. — MUSÉE DES SOUVERAINS.

Avant l'acquisition de la collection Durand (janvier 1825), les objets d'art du Moyen Age et de la Renaissance possédés par le Musée étaient en très-petit nombre. Les principaux étaient 218 vases de matières précieuses, conservés dans le Garde-Meuble de la Couronne antérieurement à 1795, et quelques armures d'une grande valeur. La collection Durand, acquise principalement pour ses antiquités égyptiennes, grecques et romaines, comprenait 7,380 articles. Elle fut payée 480,000 francs.

De ces 7,380 articles, 560 figurent maintenant dans le département du Moyen Age et de la Renaissance; ils furent estimés alors 59,120 francs. Cette estimation ne représente, en aucune façon, la valeur actuelle de ces mêmes objets. Ainsi, en 1825, 114 faïences de B. Palissy sont évaluées 8,410 francs, tandis que dans le legs Sauvageot, en 1857, l'estimation fort modérée de 97 faïences du même artiste, s'élève à 138,110 francs.

La seconde acquisition importante fut celle de la collection Révoil (16 avril 1828). Elle se composait de 839 objets, estimés ensemble 60,000 fr.

Telles furent les origines du département du Moyen Age et de la Renaissance, qui renferme maintenant près de 3,000 objets.

ENVOIS DES MINISTÈRES.

ANNÉES.	DÉSIGNATION DES OBJETS.
1863	S. Exc. le Ministre d'État livre à S. Exc. le Ministre de la Maison de l'Empereur, les objets provenant de l'acquisition des collections du marquis de Campana, destinés aux Musées impériaux. Le Musée du Moyen Age reçut pour sa part 551 faïences et terres cuites italiennes; 5 verreries de Venise; plus un certain nombre de sculptures de marbre, pierre et terre cuite.

MUSÉE DU MOYEN AGE ET DE LA RENAISSANCE.

DONS.

ANNÉES.	DONATEURS.	DÉSIGNATION DES OBJETS.
1857	SAUVAGEOT.	Sculptures, peintures, émaux, faïences italiennes et de Palissy, verreries, vitraux, bijoux, objets en métal, meubles, armes, instruments de musique. —1,677 objets estimés alors 587,812 fr. et qui se vendraient actuellement près d'un million. (Voir, pour les détails, le rapport de 1863.)
1860	TURPIN DE CRISSÉ	Boîte émaillée.
»	Cte DE JANZÉ.	Portrait, émail.
1861	DABLIN.	Calice doré, émaillé; calice doré, repoussé, ciselé; croix d'autel en cristal de roche gravé; aiguière et plateau en cristal de roche; douze bustes des Césars, pierres dures et argent doré; tabatière, or et pierres dures; tabatière, or et émail; tabatière, or et aventurine; sculpture en bois du XVIe siècle; sculpture en bois du XVIIIe siècle. — Total, 22 objets.
1862	J. CLOQUET.	Plat, faïence de Palissy.
»	»	Statuette, terre cuite.
»	SORET.	Bénitier, argent et cuivre (légué pour Versailles).
»	CÁHINGT DE Ste-BEUVE.	Deux carreaux, terre cuite.
1863	Cte DE NIEUWER-KERKE.	Médaillon, bronze.

ANNÉES.	DONATEURS.	DÉSIGNATION DES OBJETS.
1863	BARBET DE JOUY.	Médaille, plomb.
»	Le docteur COL-SON.	Sceau, bronze.
»	Cte DE NOLIVOS.	Dix-huit pavés de faïence.
»	DARCEL.	Médaillon, bronze.
1865	CAHINGT DE Ste-BEUVE.	Cinq carreaux, terre cuite.
»	GAILLARDET.	Plat, faïence de Nevers.
1866	DE CHAMPEAUX.	Carreau de terre cuite.
»	GRAND.	Bas-relief, terre émaillée.
1867	Baron DES MAZIS.	Plat, orfévrerie et émaux.

MUSÉE DU MOYEN AGE ET DE LA RENAISSANCE.

ACQUISITIONS.

ANNÉES.	DÉSIGNATION DES OBJETS.	PRIX.
1855	Cachet, agate..........................	100. »
»	Bas-relief, bronze doré.................	600. »
»	Médaillon, émail.......................	1,000. »
»	Croix, orfévrerie, émail................	5,000. »
1857	Émaux peints..........................	300. »
»	Émail peint............................	490. »
»	Reliquaire, cuivre..................... .	1,800. »
1858	Diptyque, ivoire.......................	300. »
»	Reliquaire, cuivre et ivoire.............	100. »
1859	Statuette, ivoire (Beurdeley)............	4,500. »
»	Médaillon, argent (Beurdeley)..........	300. »
1861	Statuette, ivoire (vente Soltikoff)..........	15,000. »
»	Groupe (vente Soltikoff).................	30,000. »
1862	Trois plaques, émaux (Nolivos)......	1,000. »
»	Fronton, bois sculpté (Saint-Didier)........	500. »
1863	Gourde (ivoire et fer)...................	9,000. »
»	Deux plateaux, faïence...................	100. »
»	Statuette, bronze.......................	» »

ANNÉES.	DÉSIGNATION DES OBJETS.	PRIX.
1864	Assiette, faïence italienne..................	100. ›
»	Trois bas-reliefs, ivoire....................	1,500. »
»	Sainte Élisabeth, émail....................	275. ›

MUSEE DES SOUVERAINS.

Ce Musée a été créé en vertu d'un décret du 15 février 1852.

Il renferme une série d'objets exécutés, à différentes époques de notre histoire, par les ouvriers ou les artistes les plus habiles en tous genres. Des armes, des bijoux, des pièces d'orfévrerie, des manuscrits, des livres d'heures, des meubles précieux, des vêtements ont été recueillis dans les collections des Musées du Louvre, de la Marine et d'Artillerie, dans le palais de Trianon, dans le Garde-Meuble de la Couronne, au Ministère des Finances, dans les bibliothèques Impériale, du Louvre et de l'Arsenal. Classés chronologiquement, ces objets, au nombre de 430 (août 1868), forment un ensemble d'un haut intérêt historique et d'une valeur considérable.

DONS DE LL. MM. L'EMPEREUR
ET L'IMPÉRATRICE.

Le Musée des Souverains s'est enrichi d'une quantité d'objets précieux offerts à l'Empereur et à l'Impératrice, ou acquis par Leurs Majestés.

Voici la liste des Souverains auxquels ils ont appartenu et les noms des personnes qui les ont offerts.

ANNÉES.	SOUVERAINS.	DÉSIGNATION DES OBJETS.
1868	PÉPIN LE BREF.	Boucle du ceinturon de l'épée (offerte par M. l'abbé Héricart de Thury).
1858	SAINT LOUIS.	Cassette provenant (de l'abbaye de Lys), acquise par S. M. l'Empereur au prix de 12,000 francs.
1859	»	Fenêtre et fragment de sa prison à Mansourah (offerts par M. F. de Lesseps).
1865	HENRI II.	Coffret du Roi.
»	LOUIS XVI.	Cordon de l'ordre du Saint-Esprit, du Roi.
1860	MARIE - ANTOI - NETTE.	Coffre en soie peinte, de la Reine.
1868	CHARLES X.	Couvert de table, du Roi.
»	NAPOLÉON Ier.	Armes de guerre, de chasse, de cérémonie; uniformes, costume du sacre, objets d'habillement; montres, cachets, tabatières, manuscrits, livres imprimés, ameublements, etc., qui étaient en la possession de Leurs Majestés.
»	»	Épée du Premier Consul (offerte par Mme la princesse Camerata).
1860	»	Carabine (offerte par Sir Charles-Edouard Long).
1852	»	Chapeau (offert par M. le capitaine de Belleville).
1853	»	Cocarde (offerte par Mme Gatta, née Ninci).
»	»	Drapeau embrassé par l'Empereur (offert par le fils de M. le général Petit).
»	»	Siége et table de camp (offerts par Mme de Castagny).

ANNÉES.	SOUVERAINS.	DÉSIGNATION DES OBJETS.
1858	NAPOLÉON Iᵉʳ.	Table de jeu (offerte par M. Boisselier).
»	NAPOLÉON II.	Nécessaire de toilette (offert par Mᵐᵉ de Foresti).
1868	»	Objets nombreux et divers (offerts par les fils de François, baron d'Obenaus-Felsœhazy).

DÉPOT FAIT PAR LA VILLE DE PARIS.

1868	NAPOLÉON Iᵉʳ.	Nécessaire de campagne.

MUSÉE DES SOUVERAINS.

DONS FAITS PAR LES PARTICULIERS.

ANNÉES.	SOUVERAINS.	DÉSIGNATION DES OBJETS.	DONATEURS.
1853	FRANÇOIS Ier.	Poire à poudre	BOUCHER DE PERTHES.
»	LOUIS XIV.	Jeu de la chouette.........	Cte H. DE VIEL-CASTEL.
1861	MARIE-THÉRÈSE.	Semaine-Sainte	REVILLON.
1853	LOUIS XVI.	Vilbrequin dont s'est servi le Roi...................	BOUCHER DE PERTHES.
1852	»	Étau de serrurerie.........	Eug. ISABEY.
»	»	Boîte travaillée au tour par le Roi....................	Élie PETIT.
1853	MARIE-ANTOINETTE.	Soulier..................	Salvator CHÉRI.
1865	»	Chaise	Cte D'ARMAILLÉ.
1852	LOUIS XVII.	Petit canon, jouet.........	MIRAULD.
»	CHARLES X.	Col de dentelle............	Mme MORAY.
1863	»	Rabat de dentelle.	J. PETIT.
1856	NAPOLÉON Ier.	Deux cocardes............	MAGNIER et Mme MARCHAND.
1853	»	Clef passe-partout...... ...	MALPIÈCE.
1860	»	Verre à boire.............	SINET.
1861	»	Assiette	DE SAINT-LÉGERS.

ANNÉES.	SOUVERAINS.	DÉSIGNATION DES OBJETS.	DONATEURS.
1864	NAPOLÉON Ier.	Lettre autographe.........	BIAS.
1867	»	Billet autographe..........	CH. DU QUAIRE.
1866	»	Canne	Colonel BARNES.
»	»	Portefeuille...............	CART-BALTHAZAR
1867	»	Sceau....................	FILLON.
1853	»	Chapeau	PIERRON.
»	»	Dernier mouchoir dont s'est servi l'Empereur.	»
»	»	Cheveux	»
»	»	Idem	J. DUPLAN.
1856	»	Un grand nombre d'objets ayant servi à l'Empereur..	Cte MARCHAND.
1853	»	Portrait de l'Empereur.....	DE BAUDICOURT.
1855	NAPOLÉON II.	Layette...................	DUMONT.
1863	»	Cheveux	Rudolf FUCHS.
1856	» .	Buste, bougeoir, giberne, sabretache, etc..........	Mme MARCHAND.
1853	»	Petit costume.............	PIERRON.
1855	»	Petit arc.................	BRIAND.
1853	»	Canne............	Baron DE LARUE.

MUSÉE DES SOUVERAINS.

ACQUISITIONS.

ANNÉES.	DÉSIGNATION DES OBJETS.	PRIX.
1853	Testament, dessins, coffrets de Jeanne de France...............................	2,000. »
1858	Couvre-pied en dentelle du Roi Louis XIV (revendiqué par l'Etat), estimé..............	10,000. »
1864	Livre de prières de Marguerite de Valois.....	3,210. »
»	Livre d'heures de la Reine Catherine de Médicis.................................	60,000. »
1869	Livre de messe de la reine Marie Leczinska.	1,700. »

MUSÉE DU LOUVRE.

II. 4.

DÉPARTEMENT DES PEINTURES, DES DESSINS ET DE LA CHALCOGRAPHIE.

MUSÉE DES PEINTURES.

L'inventaire des peintures, dressé en exécution du sénatus-consulte du 12 décembre 1852 et du décret impérial du 25 janvier 1854, contient 10,109 numéros. Depuis 1853, il a été enregistré, dans le nouvel inventaire du règne de NAPOLÉON III, 770 tableaux.

En outre, 671 peintures et dessins appartenant au Domaine privé de l'Empereur, et dont Sa Majesté s'est réservé la libre disposition, sont enregistrés dans un inventaire particulier.

DONS
DE L'EMPEREUR ET DE L'IMPÉRATRICE.

ANNÉES.	MAITRES.	DÉSIGNATION DES OBJETS.
1854	VAN DAEL.	Fleurs (tombeau de Julie).
1855	MURILLO.	La Vierge, entourée d'une gloire céleste
1856	GROS.	Portrait à mi-corps de A. de Larivallière.
1858	RIBERA (attrib. à).	Le Christ au tombeau.
»	ÉCOLE FLAMANDE (XVIIe siecle).	Saint Jean, enfant.
»	ÉCOLE DE BOUCHER.	Vénus et l'Amour ; pour le palais de Saint-Cloud.

ANNÉES.	MAITRES.	DÉSIGNATION DES OBJETS.
1858	ÉCOLE DE BOU-CHER.	Vénus désarmant l'Amour ; pour le palais de Saint-Cloud.
»	BERTIN (J.-V.).	Deux paysages, pour le palais de Saint-Cloud.
1860	KAUFFMAN (A).	Portrait presqu'en pied de la baronne de Krudner et de sa fille.
1861	HOUEL.	Cinq paysages.
»	VERNET (C.).	Cavalier combattant un lion (donné par S. M. l'Impératrice).

MUSÉE DES PEINTURES.

ENVOIS ET COMMANDES DES MINISTÈRES.
Ministère d'État.

ANNÉES.	MAITRES.	DÉSIGNATION DES SUJETS.
1858	MURILLO.	La nativité de la Vierge.
»	»	Le miracle de saint Diego.
»	ZURBARAN.	Saint Pierre Nolasque et saint Raymond de Pegnafort.
»	»	Funérailles d'un évêque.
»	HERRERA (le vieux).	Saint Basile dictant sa doctrine. (Ces cinq tableaux acquis par le Ministère d'État, au prix de 300,000 fr.)
»	BOULANGER.	Quatre tableaux pour dessus de portes, représentant des Amours sur des nuages. (Commandés par le Ministère d'État, pour le palais de Saint-Cloud.)
»	BESSON (F.).	Flore et Zéphir ; Psyché et l'Amour (id.)
1862	SCHEFFER (A.).	La tentation du Christ.
1863	GIRAUD.	Henri IV, dans la tour de l'église de Saint-Germain-des-Prés.
»	HOUSEZ.	Mort d'Henri IV. (Ces deux tableaux, donnés par le Ministère d'État , pour la décoration du château de Pau).
»	. . . .	Deux cent quatre-vingt-deux peintures, choisies dans la collection du marquis de Campana. (Voir pour les détails, le catalogue des tableaux du Musée Napoléon III, rédigé par M. Reiset.

MUSÉE DES PEINTURES

DONS DES PARTICULIERS.

ANNÉES.	MAITRES.	DÉSIGNATION DES SUJETS.	DONATEURS.
1853	DE LA BERGE.	Paysage.	La famille de l'artiste.
»	RESTOUT (J.).	Dédicace du temple de Salomon.	GIROUST (député).
1854	DOMENICO PA-NETTI.	La mort de la Vierge.	BERIAH BOT-FIELD.
1855	DAVID.	Portraits de M. et de Mme Mongez.	Mme veuve MONGEZ.
»	RYCKAERT (D.).	Ryckaert dans son atelier.	A. MOREAU.
1856	GROS.	Le premier Consul, passant une revue, après la bataille de Marengo.	Duc D'ISTRIE.
»	VINCHON.	Episode de l'histoire de Venise.	Mme veuve VINCHON.
»	»	Sujet de l'histoire grecque moderne.	»
1857	DUBOIS (E.J.F.).	Portrait en buste, de son père, peintre de fleurs.	L'AUTEUR.
1860	TURPIN DE CRISSÉ	Vue du palais ducal à Venise.	»
»	»	Paysage.	»
»	»	Paysage (le Torrent).	»
»	DECAMPS.	Les chevaux de halage.	A. REVENAZ.

ANNÉES.	MAITRES.	DÉSIGNATION DES OBJETS.	DONATEURS.
1861	DE VUEZ (Arn.).	Saint Bonaventure devant un concile.	LA VILLE DE LILLE.
»	WAMPS.	L'innocence de Suzanne recon-nue.	»
1862	GUIDE (d'après LE).	Judith tenant la tête d'Holo-pherne.	YVES LE GOR-REC.
»	Frère ANDRÉ.	Portrait à mi-corps de frère Jean André, de l'ordre des domini-cains, peintre d'histoire.	A. GRANT.
»	SIGALON.	L'Amour captif.	A. MOREAU.
		En cette année, quarante-deux tableaux, provenant de l'église Notre-Dame de Paris, connus sous les noms de : *Mai de Notre-Dame*, furent déposés au Louvre, par ordre du cha-pitre métropolitain (voir pour plus de détails, le rapport de 1863).	
1863	ÉCOLE FRAN-ÇAISE (fin du XIVe siecle).	Martyre de saint Denis l'Aréopa-gite, premier évêque de Paris, et de ses acolytes saint Rus-tique et saint Eleuthère.	F.REISET,con-servat.de la peinture au Musée du Louvre.
1864	AUBRY (E.).	Portrait d'Etienne Aubry, peintre mort en 1781.	Mme CH. PIER-RET.
»	BONVOISIN.	Le berger Pâris (étude).	MISBACH.
»	»	Saint Sébastien (étude).	»
»	PRUD'HON.	Portrait de jeune fille.	La famille VERSIGNY.
»	ROSLIN.	Portrait de J. M. Vien, peintre.	G.-E. COUBARD
»	»	Portrait de Mme Vien, peintre.	»

ANNÉES.	MAITRES.	DÉSIGNATION DES SUJETS.	DONATEURS.
1865	Mme LEBRUN.	Portrait de Mme Molé Reymond, de la Comédie-Française.	Mlle M. REY-MOND.
»	SICARDI.	Portrait de Molé, de la Comédie-Française.	»
»	GOYA.	Portrait de F. Guillemardet, ambassadeur de France en Espagne (1798).	GUILLEMAR-DET.
»	»	Petit portrait d'une dame espagnole.	»
»	BAELLIEUR (C. DE).	Intérieur d'une galerie de tableaux.	CARL BAL-THAZAR.
1866	DUBOIS DRAHO-NET.	Portrait de M. A. Huard.	Charl.-Alb. HUARD.
»	HEINSIUS.	Id.	»
»	»	Portrait de Mme Huard.	»
»	FERGUSEN (G. W.)	Coq, gibier et ustensiles de chasse	G. CALLOU.
»	HAUDECOURT-LESCOT.	Portrait de l'auteur.	Mme BUHNER.
1867	INGRES.	Naissance de Vénus Anadyomène.	MARCOTTE GENLIS.
»	»	La Source.	»
»	FLANDRIN (Hip.)	Portrait de jeune fille (étude).	»
1868	SOLARIO.	Tête de saint Jean-Baptiste sur une coupe.	E. LECOMTE.
»	SCHEFFER (H.).	Vision de Charles IX.	SCHEFFER fils
»	DE FORESTIER.	Hercule combattant un serpent.	L'AUTEUR.

MUSÉE DES PEINTURES.

ACQUISITIONS.

ANNÉES.	MAITRES.	DÉSIGNATION DES SUJETS.	PRIX.	
1853	ÉCOLE VÉNITIENNE.	Quatre tableaux représentant des ruines d'architecture........	7,000.	»
1854	RESTOUT (B.).	Portrait en buste de Jean Restout.	60.	»
»	ÉCOLE VÉNITIENNE (XVIᵉ siècle).	Portrait à mi-corps d'un homme d'armes.................	3,000.	»
»	LAZERGES.	Présentation au Temple ; pour la chapelle de la Trinité, au palais de Fontainebleau. ....·.....		»
1855	MARTIN.	La remise des Invalides à Louis XIV, par Mansard..........	5,000.	»
1856	LORENZO LOTTO.	Saint Jérôme dans le désert	995.	»
»	FR. MILLET.	Paysage....................	1,050.	»
1857	REMBRANDT.	Bœuf écorché, suspendu à l'étal d'un boucher..............	5,000.	»
1858	ROSLIN.	Jeune fille s'apprêtant à orner de fleurs la statue de l'Amour...	3,000.	»
»	GREUZE.	Portrait de M. Houard........	300.	»
»	POTTER (P.).	Jeune cheval en liberté dans une prairie....................	7,000.	»
»	SCHEFFER (A.).	La mort de Géricault	4,500.	»
1859	RUBENS.	Le triomphe de la Vérité ; les Parques filant les destinées de la reine Marie de Médicis (esquisse)....................	5,567.	»

ANNÉES.	MAITRES.	DÉSIGNATION DES SUJETS.	PRIX.
1859	ÉCOLE VÉNITIENNE (XVIᵉ siecle).	Portrait d'une femme âgée	1,680. »
»	BELLIN (J.).	La Vierge, l'Enfant Jésus, saint Pierre et saint Sébastien	15,000. »
1860	RIGAUD (H.).	Portrait, jusqu'aux genoux, de Robert de Cotte, premier archi-tecte du roi	1,500. »
»	ÉCOLE FLAMANDE (fin du XVᵉ siec.)	La Résurrection , l'Ascension , saint Sébastien (triptyque)....	14,175. »
1861	HOBBEMA.	Paysage (le Moulin à eau)	52,500. »
1862	CRIVELLI.	Saint Bernard	3,000. »
»	VELASQUEZ.	Portrait en pied de Philippe IV..	23,000. »
1863	LUINI (B.).	Deux enfants sous un berceau de vigne ; fresque.............	3,000. »
»	»	Vulcain forgeant les ailes de l'Amour ; fresque	8,000. »
»	BORGOGNONE (A.).	La présentation au Temple	7,000. »
»	FRANCIA.	La Nativité.................	2,050. »
1864	»	Le Christ en croix............	8,000. »
»	PALMEGIANI.	Le Christ mort	4,000. »
»	ÉCOLE DE SIENNE.	Saint Pierre................	300. »
»	GIRODET-TRIOSON.	Portrait de A.-J. Boucher, violo-niste....................	300. »
»	ÉCOLE FRANÇAISE (XIVᵉ siecle).	Le Christ mort	3,000. »
1865	ANTONELLO DE MES-SINE.	Portrait d'homme............	113,500. »
1866	GÉRICAULT.	Course de chevaux	9,000. »
»	LUINI (B.).	Six fresques................	102,000. »

ANNÉES.	MAITRES.	DÉSIGNATION DES SUJETS.	PRIX.
1867	CHARDIN.	La Pourvoyeuse	4,050. »
»	»	Ustensiles divers, coffret	1,700. »
»	»	Panier de pêches.............	1,380. ›
»	PRUD'HON.	Portrait du baron Denon.......	2,000. »
»	ZURBARAN.	Sainte Appoline..............	6,000. »
1868	MEMLING.	La Vierge et l'Enfant Jésus.....	12,705. »
»	RIBERA.	Le Christ au tombeau..........	10,000. »
1869	ÉCOLE FRANÇAISE (fin du XIVᵉ siecle)	Le Christ au tombeau........	800. »
»	POUSSIN (Nicolas).	Apollon amoureux de Daphné...	10,000. »

DESSINS.

L'inventaire général des dessins, dressé en exécution du sénatus-consulte du 12 décembre 1852 et du décret impérial du 25 janvier 1864, renferme 35,544 numéros.

De 1853 à 1868, le nombre des dons s'élève à 349, et celui des acquisitions à 578.

DONS DE L'EMPEREUR.

ANNÉES.	DESSINATEURS	DÉSIGNATION DES OBJETS.
1861	APPIANI.	Six cartons pour la décoration du palais de la Villa Reale de Milan (acquis pour 20,000 fr.)

ENVOIS DES MINISTÈRES.

Ministère de la Guerre.

1861	DUMARESQ (A.).	Cinquante-cinq costumes uniformes de la garde impériale et de la troupe de ligne (lavis).
1862	»	Cinquante-six uniformes de la troupe de ligne (lavis).

Ministère d'État.

ANNÉES.	DESSINATEURS	DÉSIGNATION DES SUJETS.
1853	BENOUVILLE.	Les chrétiens dans le cirque (dessin).
1858	VIDAL.	L'ange déchu ; une larme ; Polymnie. (Trois pastels).

DESSINS, AQUARELLES, MINIATURES.

DONS DES PARTICULIERS.

ANNÉES.	MAITRES.	DÉSIGNATION DES SUJETS.	DONATEURS.
1853	Mme HERBELIN.	Portrait de femme (miniature).	L'AUTEUR.
»	PÉRIN (L. L.).	Neuf portraits et une composition.	A. PÉRIN.
1854	ÉCOLES DIVERSES XVe et XVIe sièc.	Vingt-sept miniatures sur vélin, provenant d'un livre d'heures.	LE Cte H. DE VIEL-CASTEL
»	ÉCOLE FRANÇAISE (XVIIIe S.).	Deux portraits et une composition (miniatures).	LE baron DE FRÉMONT.
»	PERCIER (CH.).	Porte de bronze de la salle des Cariatides (lavis).	A. LECLÈRE.
»	»	Monument consacré aux arts (id.)	»
»	NANTEUIL (R.).	Tête d'homme (crayons).	GOSSE.
»	AUGUSTIN.	Portrait de femme (miniature).	Mad. veuve LAPORTE.
»	ARLAUD (J.-A.).	Portrait de jeune seigneur (XVIIe siècle) (miniature).	LE Cte H. DE VIEL-CASTEL
»	DELACAZETTE (S.-C.).	Portrait de femme (idem).	CH. DESAINS.
1856	DAVID (L.).	Les Sabines (lavis).	INGRES.
»	NICOLO DEL ABATE.	Le jugement de Pâris (plume).	»
»	INGRES.	Portrait de M. Martin (mine de plomb).	MARTIN.

ANNÉES.	MAITRES.	DÉSIGNATION DES SUJETS.	DONATEURS.
1856	FRA BARTOLOM-MEO.	Sainte Famille (plume).	F. REISET.
»	COUSIN (J.).	Deux dessins, études diverses (plume).	»
»	DUBOIS (J. B.).	La Fornarina d'après Raphaël (pierre noire).	L'AUTEUR.
1857	LASSUS.	Trois études (mine de plomb).	Mme LASSUS.
»	ECOLE D'ITALIE (XIVe siècle).	Page de manuscrit (vélin).	STENHEIL.
1858	HEIM.	Portrait de M. Auber, composi-teur.	L'AUTEUR.
»	SIGNORELLI (L.).	Homme portant un cadavre (aquarelle).	MORRIS MOORE
1859	GUÉRIN.	Douze compositions et études (pierre noire).	MONVOISIN.
»	LANGENDYK.	Arrivée de Louis-Napoléon, roi de Hollande, à Amsterdam (aquarelle).	FODOR.
»	BOURDON.	Triomphe de David (plume).	GALICHON.
1860	AUBRY-LECOMTE	Trois portraits et études (crayon noir).	Mme veuve AUBRY-LE-COMTE.
»	TURPIN DE CRIS-SÉ.	Cent quarante cinq dessins, pay-sages, monuments, etc. (plume, crayon).	L'AUTEUR.
»	GIRODET-TRIO-SON.	Portrait de Canova (pierre noire).	DELORME.
»	POUSSIN.	L'Assomption (pierre noire, plu-me).	»

ANNÉES.	MAITRES.	DÉSIGNATION DES SUJETS.	DONATEURS.
1860	JOHANNOT (T.).	Quatre dessins (pierre noire) : portrait d'enfant : dame conduisant un enfant ; jeune femme et enfant ; enfant mort.	Mlle MORAND.
1861	HALL.	Portrait de femme (miniature).	DABLIN.
»	AUGUSTIN.	Portrait de l'auteur.	»
1862	LAURENT.	Portrait de M. Barclay (miniature).	F. DE LASTEYRIE.
»	DELÉCLUSE.	Trois épisodes des campagnes de 1814 et 1815 (aquarelle).	L'AUTEUR.
1863	LESUEUR.	La présentation au Temple.	F. REISET.
»	ÉCOLE FRANÇAISE (XVIIe S.).	Persée tranchant la tête de Méduse (miniature).	Mlle MORAND.
»	LESUEUR.	Saint Paul prêchant à Éphèse.	F. REISET.
»	DUVIVIER.	Portrait de Flemael (B.) sanguine.	»
»	FERRARI (d'après GAUDENZIO).	Saint Paul.	Major KUEHLEN.
»	TROIVAUX.	Portrait d'homme (miniature).	Mlle THEVENIN DE VERNEUIL.
»	»	Portrait de femme (idem).	»
1864	MURILLO.	Saint François (plume).	JACQUES.
»	LE PÉRUGIN.	Saint Jérôme (bistre).	E.GATTEAUX, de l'Instit.
»	MANTEGNA.	Judith (bistre).	»
1865	FLANDRIN (H.).	Cinq études pour l'église Saint-Germain-des-Prés (pierre noire)	Mme veuve H. FLANDRIN
»	NOEL (A.).	Portrait de Pagnest (sanguine).	L'AUTEUR.

ANNÉES.	MAITRES.	DÉSIGNATION DES SUJETS.	DONATEURS.
1866	POUSSIN.	Le Baptême (quatre dessins).	HIS DE LA-SALLE.
»	»	La Pénitence (un dessin).	»
»	»	La Cène (id.)	»
»	»	L'Ordre (id.)	»
»	»	La Confirmation (trois dessins).	»
		En tout, dix dessins à la plume et au bistre.	
»	HEIM (F. J.).	Portraits de cinquante-huit membres de l'Institut (pierre noire).	Mme veuve HEIM.
»	BOZE.	Son portrait (pastel).	Mlle V. BOZE.
»	GIRODET-TRIO-SON (A. L.).	Turc debout (pierre noire).	Mme veuve LUILLIER.
»	»	Deux portraits de femme (pierre noire).	»
»	LESUEUR.	Raymond Diocrès (idem).	CARRIER (J.).
»	BELLINI (G.).	Personnages orientaux (plume).	F. REISET.
»	SAUVAGE.	Portrait d'homme (miniature).	A. DARCEL.
»	ROCHARD (J. J.).	Portrait d'homme (idem).	L'AUTEUR.
1867	Mme DE MIRBEL.	Portrait de M. Fichel (idem).	FICHEL fils.
1868	ORSEL (Victor).	Cinq dessins.	A. PERIN.
»	DELACROIX (E.).	L'éducation d'Achille.	Paul DE LA'AGE.
»	REGNAULT.	Portrait de Gardel l'aîné (pastel).	La famille GARDEL.

DESSINS, AQUARELLES, MINIATURES.

ACQUISITIONS.

ANNÉES.	MAITRES.	DÉSIGNATION DES SUJETS.	PRIX.
1853	HEIM.	Quatre-vingt-cinq portraits de membres de l'Institut et de peintres contemporains......	» »
»	WEYLER.	Portrait du comte d'Angivillier (émail)....................	3,000. »
»	MASSARD (L.).	Prise de la Smala, d'après H. Vernet (pierre noire, lavis)......	1,500. »
1854	NANTEUIL (R.)	Portrait de Dominique de Ligny (pastel)....................	150. »
1855	AUGUSTIN.	Son portrait (émail)..........	600. »
1856	ANDREA DEL VER-ROCCHIO.	Études diverses; trois dessins (plume)...................	600. »
»	DU MONSTIER.	Tête (pastel)	
»	LÉONARD DE VINCI.	Volume, contenant trois cent soixante-dix-huit dessins, dont deux cents environ de Léonard ; études diverses........	35,000. »
»	BOUCHER.	Deux dessins représentant des Amours (deux crayons)......	400. »
»	DESPORTES.	Portrait de Desportes (sanguine).	
»	PATER.	Femme assise (idem)..........	
1857	DAVID (M.).	Trois portraits d'Abd-El-Kader (miniature)................	4,000. »
»	BIDA.	Réfectoire de moines grecs (crayon noir)..............	3,000. »

ANNÉES.	MAITRES.	DÉSIGNATION DES SUJETS.	PRIX.
1858	PINTURICCHIO.	Homme à cheval (plume, lavis).	525. »
»	WATTEAU.	Quatre feuilles de croquis divers (crayons)..................	1,482. »
1859	BACKUYSEN.	Marine (lavis)................	
»	VAN DE VELDE (W.).	Marine (pinceau).............	1,600. »
»	BOUCHER.	Etude de jeune homme........	180. »
»	ÉCOLE FRANÇAISE.	Portrait de Colbert (miniature)..	500. »
1860	HUBERT ROBERT.	Les bains d'Apollon à Versailles (aquarelle)................	20. »
»	LÉONARD DE VINCI.	Portrait de femme ; carton piqué (pierre noire)..............	4,410. »
1861	COCHIN (CH. N.).	Salle de spectacle de Versailles (aquarelle)................	150. »
1864	BONINGTON (R. P.).	Statue de Colleone (aquarelle)...	1,020. »
»	DELACROIX (E.).	Cinq aquarelles ou dessins	4,715. »
»	VIVIEN (J.).	Portrait d'homme (pastel)	600. »
»	CALLOT (J.).	Douze scènes de la Passion (à la plume)....................	500. »
»	ISABEY (E.).	Soixante-quatre aquarelles	10,000. »
1866	GAILLARD (F.).	Le Bacchus de Léonard de Vinci (pierre noire).	800. »
1867	PRUD'HON (P. P.).	Six cartons pour les peintures de l'hôtel de la reine Hortense : Euterpe, Pandore, Vénus et Amours ; à la pierre noire....	5,030. »
1868	TOURNY (J.).	Portrait de M. Denon , d'après . Prud'hon	1,200. »
		Le total des acquisitions est de..	77,982. »

CHALCOGRAPHIE.

Depuis 1853, le fonds de la chalcographie s'est augmenté de 1576 planches, savoir :

Par suite de dons........ 1404 planches
  —   d'acquisitions... 126 — payées 112,577 fr.
  —   de commandes.. 46 — — 481,900
        Total....... 1576 planches payées 594,477 fr.

DONS.

ANNÉES.	MAITRES.	DÉSIGNATION DES SUJETS.	NOM DU GRAVEUR.	NOM DU DONATEUR.
1853	RAPHAEL.	Vierge au palmier (fac-simile).	BEIN.	MINIST. DE L'INTÉR.
»	»	Esquisses de madone (fac-simile).	DIEN.	»
»	»	Mise au tombeau (fac-simile).	A. LEROY.	»
»	PRUD'HON.	Triomphe de Vénus (lithographie).	A. LECOMTE.	»
1855	»	L'Annonciation (fac-simile).	ROSOTTE.	»
»	RAPHAEL.	Esquisses diverses (fac-simile).	BEIN.	»

ANNÉES.	MAITRES.	DÉSIGNATION DES SUJETS.	NOM DU GRAVEUR.	NOM DU DONATEUR.
1855	D. RAMÉE et LASSUS.	Monographie des cathédrales de Noyon (Oise), 23 planches, et de Chartres (Eure-et-Loir), 31 planches.	RAMÉE, LASSUS, GAUCHEREL, WAQUEZ, GUILLAUMOT,	MINIST. DE L'INSTRUC. PUBLIQUE.
»	BALTARD.	Paris et ses monuments : Louvre, 74 planches ; Saint-Cloud, 13 planches ; Fontainebleau, 22 planches ; Ecouen, 17 planches ; dessiné par Baltard et gravé sous sa direction.	BALTARD, VOYEZ, LAVALLÉE, ETC., ETC.	HOTEL DE VILLE.
»	A. LENOIR.	Statistique monumentale de Paris, 167 planches.	OLLIVIER, GUILLAUMOT PENEL, ETC.	MINIST. DE L'INSTRUC. PUBLIQUE.
1858	»	Suite de l'ouvrage précédent, 16 planches.		
1859	J. ROMAIN.	Pêcheurs tirant leurs filets (lithographie).	MICHELET.	MINISTÈRE D'ÉTAT.
»	SALVATOR-ROSA.	Vieillard tenant un tamis (lithographie).	GEOFFROY.	»
1860	RAPHAEL.	Sainte Catherine (fac simile).	DIEN.	»
»	TURPIN DE CRISSÉ.	Souvenirs du golfe de Naples, 50 planches.	CAPLIN, LEMAITRE, RANSONETTE, FORTIER, AUBERT, etc.	Cte TURPIN DE CRISSÉ.
»	LEFEBVRE.	Portrait de F. Duchesne.	PICART (B.).	»

ANNÉES.	MAITRES.	DÉSIGNATION DES SUJETS.	NOM DU GRAVEUR.	NOM DU DONATEUR.
1861	CLOQUET.	Tombeau de Soufflot.	CLOQUET.	Dʳ CLOQUET.
1863	LE DOMINI-QUIN.	La Communion de saint Jérôme.	A. TARDIEU.	Mad. veuve TARDIEU.
»	HERSENT.	Ruth et Booz.	»	»
»	Mᵐᵉ HER-SENT.	Le lendemain de la mort d'Henri IV.	»	»
1864	J. BELLIN.	Son portrait.	GAILLARD.	ÉCOLE DES BEAUX-ARTS
»	LÉONARD DE VINCI.	La Joconde.	BRIDOUX.	»
»	MASACCIO.	Son portrait.	VIBERT.	»
»	»	Son portrait.	BELLAY.	»
»	»	Portrait d'Andrea Ver-rocchio.	MICIOL.	»
»	MICHEL-ANGE	La création d'Ève.	COINY.	»
»	»	Portrait de Michel-Ange.	C. V. NOR-MAND.	»
»	PRIMATICE.	Son portrait.	TOURNY.	»
»	RAPHAEL.	Portrait de Dante.	AUBERT.	»
»	ANDREA DEL SARTO.	Son portrait.	SAINTE-ÈVE.	»
»	TITIEN.	Portrait de François Iᵉʳ	SOUMY.	»
»	ÉCOLE ITA-LIENNE.	Portrait du Pape Clé-ment IX.	BERTINOT.	»
»	VAN DYCK.	Portrait de J. Richar-dot et de son fils.	E. GIRAUD.	»
»	REMBRANDT.	Son portrait.	MARTINET.	»
»	DIVERS.	28 planches des grands prix de gravure.	DIVERS.	»

ANNÉES.	MAITRES.	DÉSIGNATION DES SUJETS.	NOM DU GRAVEUR.	NOM DU DONATEUR.
1864	LASSUS.	3 planches de la monographie de la cathedrale de Chartres	GUILLAUMOT GAUCHEREL.	MINIST. DE L'INSTRUCT. PUBLIQUE.
1865	HENRIQUEL.	Portrait d'Alexandre Brongniart.	HENRIQUEL.	HENRIQUEL
1866	DIVERS.	905 planches du grand ouvrage de l'Expédition d'Egypte.	DIVERS.	BIBLIOTHÉQ. IMPÉRIALE.
»	RAPHAEL.	Adam et Ève.	RICHOMME.	MINISTÈRE D'ÉTAT.
»	»	La Vierge de Lorette.	»	»
»	»	Le Triomphe de Galatée.	»	»
»	»	Portrait de Marc-Antoine.	»	»
»	GÉRARD.	Daphnis et Chloé.	»	»
»	»	Thétis portant l'armure d'Achille.	»	»
»	A. LENOIR.	16 planches de la Statistique monumentale de Paris.	DIVERS.	MINIST. DE L'INSTRUCT. PUBLIQUE.
»	DIEN.	Portrait de Miel, littérateur.	DIEN.	Mme veuve DIEN.
1867	J. JACQUET.	Planche du grand prix de gravure en 1864.	JACQUET.	ÉCOLE DES BEAUX-ARTS
»	LAGUILLERMIE.	Planche du grand prix de gravure en 1866.	LAGUILLERMIE.	»
1869	PÉRUGIN.	Saint Jérôme.	A. LEROY.	M. GATTEAUX

CHALCOGRAPHIE.

ACQUISITIONS.

ANNÉES.	MAITRES.	DÉSIGNATION DES SUJETS.	GRAVEURS.	PRIX.
1853	PRUD'HON.	Pâris et Hélène (lithographie)...............	SOULANGE-TEISSIER.	3,000. »
»	ALIGNY.	Vues de Grèce (10 planches)...............	ALIGNY.	10,000. »
»	LORENZO DI CREDI.	Tête de jeune homme(fac-simile).............	BUTAVAND.	500. »
»	ANDRÉ DEL SARTE.	Étude de jeune homme (fac-simile).........	DESPERET.	200. »
»	COCHIN.	Le jeu du Roi........	COCHIN.	42. »
1856	LARGILLIÈRE.	Huet, évêque d'Avranches...............	G. EDELINCK.	50. »
»	P. VÉRONÈSE	Jupiter foudroyant les vices...............	J. MACCHAM.	65. »
»	GÉRARD.	Napoléon Ier, Empereur.	DESNOYERS.	1,000. »
»	GROS.	Bonaparte au pont d'Arcole.	LONGHI.	
1857		Œuvres du baron Desnoyers, comprenant : des Vierges de Raphaël; des compositions de Léonard , Corrège , Poussin, Guérin, Gérard, etc., 56 planches.		20,000. »
»	RUBENS.	Fête flamande	MASSON.	3,000. »

ANNÉES.	MAITRES.	DÉSIGNATION DES SUJETS.	GRAVEURS.	PRIX.
1858	RUBENS.	La femme de Rubens...	CHAPLIN.	800. »
»	REMBRANDT.	La famille du menuisier.	VEYRASSAT.	
1859	RUBENS.	Portrait de Marie de Mé-dicis (fac-simile). ..:..	P. CHENAY.	600. »
1860	WILLMANN.	Vue de Paris en 1868...	WILLMANN.	15,000. »
»	LESUEUR.	Marthe et Marie	CALAMATTA.	15,000. »
»	»	30 planches de fac-simile, d'après les dessins du Louvre et de divers amateurs.	A. LEROY.	12,000. »
1863	RIGAUD.	Portrait de Pierre Gillet.	DREVET.	50. »
»	NANTEUIL.	Portrait de Pierre Bou-chu................	NANTEUIL.	30. »
»	RAPHAEL.	Les Sibylles.	DIEN.	1,000. »
»	RIBERA.	Martyre de saint Barthé-lemy................	MASSON.	1,000. »
1864	DESPORTES.	Folle et Mitte, chiennes de Louis XIV.........	WILLMANN.	5,000. »
»	TITIEN.	La Vierge au lapin blanc.	LAUGIER.	5,000. »
»	S. VOUET.	La Vierge, l'Enfant Jésus et saint Jean.........	»	
1865	Mlle MAYER.	La mère heureuse......	F. GIRARD.	6,000. »
»	»	La mère malheureuse...	»	
1866	RAPHAEL.	Portraits de Raphaël et de Pérugin.............	DIEN.	100. »
»	GUIGNET.	Portrait de Théodore Bu-rette................	»	
»	RICHOMME fils.	Portrait de J. R. Richom-me.	»	

ANNÉES.	MAITRES.	DÉSIGNATION DES SUJETS.	GRAVEURS.	PRIX.
1866	H. FLANDRIN	Portrait du R. P. Lacordaire...............	DIEN.	40. »
»	VAN DYCK.	La Vierge aux donateurs.	BERTINOT.	8,000. »
1867	»	Portrait de Johannes de Wael...............	VAN DYCK.	100. »
1868	INGRES.	Romulus vainqueur d'Acron...............	HAUSSOUL-LIER.	5,000. »
		Le prix total des 126 planches acquises est de....	....	112,577. »

CHALCOGRAPHIE.

COMMANDES.

ANNÉES.	MAITRES.	DÉSIGNATION DES SUJETS.	GRAVEURS.	PRIX.
1853	RUYSDAEL.	* Le buisson...........	DAUBIGNY.	3,000. »
»	HOBBEMA.	* Intérieur de forêt.....	BLERY.	3,000. »
»	TERBURG.	* Le galant militaire....	J. FRANÇOIS.	20,000. »
»	CORRÈGE.	* Le sommeil d'Antiope.	LEFÈVRE.	20,000. »
»	LUINI.	* Salomé recevant la tête de saint Jean........	BERTINOT.	16,000. »
»	FRA ANGE-LICO.	* Couronnement de la Vierge............	A. FRANÇOIS.	30,000. »
»	ANDRÉ DEL SARTE.	* La Charité..........	SALMON.	20,000. »
»	P. VÉRONÈSE	*Les Pèlerins d'Emmaüs	HENRIQUEL.	40,000. »
»	LESUEUR.	* Vision de saint Benoît.	DIEN (1).	15,000. »
»	PÉRUSIN.	* La Vierge...........	CARON.	20,000. »
1855	RUYSDAEL.	* Le Coup de soleil.....	DAUBIGNY.	3,000. »
1858	RAPHAEL.	* Tête du Père Éternel (fac-simile).........	CHENAY.	2,000. »

Nota. — Les planches marquées d'un astérisque sont livrées.

(1) M. Dien étant mort avant d'avoir terminé sa planche, M. Deswachez a été chargé de la continuer.

ANNÉES.	MAITRES.	DÉSIGNATION DES SUJETS.	GRAVEURS.	PRIX.
1859	MURÍLLO.	' La Naissance de la Vierge.............	MARTINET.	40,000. »
1861	POUSSIN.	*Les Aveugles de Jéricho.	GARNIER.	10,000. »
»	S. DEL PIOM-BO.	' La Visitation........	DESWACHEZ.	12,000. »
»	GIORGIONE.	Sainte Famille	DE MARE.	12,000. »
»	TITIEN.	' Le marquis de Guast ..	THÉVENIN.	12,000. »
»	VAN DYCK.	' Portrait de Van Dyck..	BERTINOT.	6,000. »
»	FRANCIA.	*Portrait de jeune homme	ROUSSEAU.	6,000. »
»	RAPHAËL.	' Portrait de jeune hom-me accoudé.........	WEBER.	6,000. »
»	WATTEAU.	' Voyage à Cythère.....	CHAPLIN.	6,000. »
1862	VAN DYCK.	' Portrait d'Isabelle-Clai-re-Eugénie.........	LEVASSEUR.	6,000. »
»	BOUCHER.	' Bain de Diane........	HÉDOUIN.	4,000. »
»	RUBENS.	' Le Tournoi	BRACQUE-MONT.	4,000. »
1863	CLOUET.	Portrait d'Élisabeth d'Au-triche	ROSOTTE.	4,500. »
»	GIORGIONE.	Le Concert champêtre ..	SALMON.	17,000. »
»	TITIEN.	' Le Couronnement d'épi-nes................	MASSARD.	12,000. »
»	HOBBEMA.	Le Moulin............	JACQUE.	4,000. »
	FRANCIA.	La Nativité	FLAMENG.	6,000. »
1865	LÉONARD DE VINCI.	' Tête de jeune femme..	LEROY.	4,000. »
»	LE NAIN.	' Un Maréchal dans sa forge	MASSON.	4,000. »

ANNÉES.	MAITRES.	DÉSIGNATION DES SUJETS.	GRAVEURS.	PRIX.
1865	VANLOO.	Halte de chasse	HÉDOUIN.	6,000. »
»	ZEEMAN.	* Vue de l'ancien Louvre.	MERYAN.	1,000. »
»	POUSSIN.	* Bacchanale..........	MASSON.	6,500. »
»	PETER NEEFS	* Intérieur d'église	ANCELET.	2,500. »
»	P. DE CHAM-PAIGNE.	Portrait du cardinal de Richelieu...........	DEVAUX.	10,000. »
1866	RAPHAEL.	* Attila (fac similé).....	LEROY.	6,000. »
»	HOLBEIN.	* Portr. d'Anne de Clèves.	DIDIER.	6,000. »
»	BOTTICELLI.	La Vierge et l'Enfant Jésus.	GAILLARD.	10,000. »
»	ANTONELLO.	Portrait d'homme	LAGUILLER-MIE.	2,000. »
1867	INGRES.	Martyre de saint Symphorien.	A. FRANÇOIS.	12,000. »
»	LÉONARD DE VINCI.	La Vierge, l'Enfant Jésus et un adorateur.......	BRIDOUX.	12,000. »
1868	PRUD'HON.	Portrait de Denon.......	HUOT.	3,800. »
1869	RUBENS.	La fuite de Loth	BLANCHARD.	15,000. »
»	A. MANTEGNA	Le Parnasse	DANGUIN.	15,000. »
»	RAPHAEL.	Portrait de Castiglione...	DUBOUCHET.	6,000. »
		Le prix total des 46 planches se monte à	....	481,900. »

MUSÉE DU LOUVRE.

II. 5.

DÉPARTEMENT DE LA MARINE ET DE L'ETHNOGRAPHIE.

DÉPARTEMENT DE LA MARINE ET DE L'ETHNOGRAPHIE.

SECTION NAVALE.

DONS DE S. M. L'EMPEREUR.

ANNÉES.	DÉSIGNATION DES OBJETS.
1855	Modèle de pilot boat de New-York.
1862	Modèle de la trirème antique exécutée à Clichy, par les ordres de S. M. l'Empereur.

ENVOIS DES MINISTÈRES.
Ministère de la Marine et des Colonies.

ANNÉES.	DÉSIGNATION DES OBJETS.
1853	Plan en relief de l'île de la Réunion.
1854	Modèle du radier de l'écluse des formes de Cherbourg.
1857	Plan en relief des îles du Salut et de l'îlot la Mère (Cayenne).

ANNÉES.	DÉSIGNATION DES OBJETS.
1861	Modèle de l'arrière-bassin du port de Cherbourg (bassin Napoléon III).
1867	Trois dessins exécutés au dixième et provenant de l'Exposition universelle, de la coupe longitudinale et des sections de l'avant et de l'arriere du vaisseau cuirassé le *Friedland*.
1867 et 1868	Les modèles réduits de quatorze bâtiments de la flotte actuelle, provenant aussi de l'Exposition universelle.

DÉPARTEMENT DE LA MARINE ET DE L'ETHNOGRAPHIE.

SECTION NAVALE.

DONS PARTICULIERS.

ANNÉES.	DONATEURS.	DÉSIGNATION DES OBJETS.
1853	Mⁱˢ DE CLERMONT-TONNERRE.	Deux épreuves galvanoplastiques de la médaille du Bailli de Suffren.
»	H. DE CLERCQ.	Lettre autographe de Lapérouse à M. Bosc d'Antic.
1854	A. WATTEMARE.	Modèle de galiote.
»	LESIRE FRUGER.	Pièce d'artillerie dite : canon-foudre.
»	»	Espingole destinée à la marine.
»	A. BAUDIN.	Modèle de bâtiment à vapeur en bois plein et dix autres modèles d'engins divers, à l'usage de la marine.
1855	MAC ARTHUR.	Tronçon d'arbre portant l'inscription funéraire du P. Receveur, naturaliste de l'expédition de Lapérouse.
»	»	Paysage à l'aquarelle, représentant le tombeau du P. Receveur, à Botany-Bay.
1855	MM. LES ANGLAIS RÉSIDANT EN FRANCE.	Monument en l'honneur du lieutenant Bellot (plaque en bronze).

ANNÉES.	DONATEURS.	DÉSIGNATION DES OBJETS.
1865	MM. LES EXPOSt* DES ÉTATS-UNIS DE L'AMÉRIQUE DU NORD.	Bateau-pont militaire de Thompson, avec plans (par l'entremise de M. A. Wattemare).
»	»	Deux appareils de sauvetage, en forme de siége.
»	»	Cabine flottante de sauvetage.
»	»	Modèle du steamer de rivière *America*.
»	»	Modèle d'embarcation à quille rentrante.
»	Le contre-amiral RIGAULT DE GE-NOUILLY.	Modèle de vaisseau russe, provenant de Sébastopol.
»	»	Idem de canon russe à chambre cylindro-conique.
»	»	Fragment de marbre, brisé par des projectiles.
»	»	Grande enseigne de vaisseau russe.
1858	Le vice-amiral BERGERET.	Modèle de goëlette-yacht.
»	Le Cte REDON, ancien préfet maritime.	Idem de frégate.
1859	MOUTON, procureur impérial.	Idem de vaisseau de soixante-quatorze canons.
1867	LE COMITÉ DE LA NOUV. — GALLES DU SUD A L'EXPOSITION UNIV.	Modèle réduit du monument élevé à la mémoire de Lapérouse, à Botany-Bay, par MM. de Bougainville et du Campier, commandant la frégate *la Thétis* et la corvette *l'Espérance*, en relâche à Port-Jackson, en 1825.

DÉPARTEMENT DE LA MARINE ET DE L'ETHNOGRAPHIE.

SECTION ETHNOGRAPHIQUE.

DONS DE L'EMPEREUR.

ANNÉES.	DÉSIGNATION DES OBJETS.
1855	Ensemble, cinquante-deux objets, provenant de l'exposition de l'Inde Britannique (voir le détail au rapport de 1863).
1856	Neuf pièces d'étoffe de Madagascar.
1862	Objets et ustensiles provenant du Nil Blanc et rapportés par M. Lejean, au nombre de trente-cinq pièces.
»	Tamtam chinois, en bronze fondu et ciselé.

DEPARTEMENT DE LA MARINE ET DE L'ETHNOGRAPHIE.

SECTION ETHNOGRAPHIQUE.

ENVOIS DES MINISTÈRES.

ANNÉES.	MINISTÈRES.	DÉSIGNATION DES OBJETS.
1853	S. E. LE MINISTRE D'ÉTAT.	Trente objets de diverses natures, provenant du Paraguay.
1854	»	Statue de Buddha, en marbre blanc; idem en bois doré (empire Birman).
1855	˃	Ensemble, trois cent quatre-vingt-cinq objets, acquis de M. de Montigny, consul à Shang-Haï (voir le rapport de 1863).
1856	S. E. LE MINISTRE DU COMMERCE.	Soixante-huit échantillons de l'industrie tunisienne, vêtements, ustensiles divers, poteries, recueillis par M. Ducouret, dans sa mission en Afrique.
1868	S. E. LE MINISTRE DE LA MARINE ET DES COLON^tes	Trois bouches à feu cochinchinoises.

DÉPARTEMENT DE LA MARINE ET DE L'ETHNOGRAPHIE.

SECTION ETHNOGRAPHIQUE.

DONS PARTICULIERS.

ANNÉES.	DONATEURS.	DÉSIGNATION DES OBJETS.
1853	Mᵐᵉ Vᵉ DEBRET.	Huit tableaux peints par feu Debret, représentant des figures brésiliennes.
1854	LONGUEVILLE-CLARKE, de l'armée du Bengale.	Poignard de montagnard ; couteau ; livre ; trois pieces de costume (empire Birman).
»	Cᵗᵉ DE VIEL-CAS-TEL.	Tableau en soie découpée (Japon).
»	DE SAULCY.	Jatte du Para (Brésil).
»	DELAPORTE, consul général.	Ensemble, six cent cinquante-un objets provenant du Soudan oriental et du Nil Blanc.
»	Cᵗᵉ DE NIEUWER-KERKE.	Dessin sur feuille de mûrier (Chine).
»	LAURIN.	Guitare d'Assinie (Afrique occidentale).
»	DELPRAT.	Plan en relief de Detsima (Japon), et carte du Japon exécutés à Nagasaki.
»	ANONYME.	Costume de jeune Mexicain de distinction.

ANNÉES.	DONATEURS.	DÉSIGNATION DES OBJETS.
1857	VALLET.	Un arc et deux flèches (Brésil).
1858	FRISSARD, lieutenant de vaiss.	Une lance des îles Marquises.
»	KERVEL.	Dix statuettes mythologiques indiennes (Java).
»	Le vice - amiral RIGAULT DE GENOUILLY.	Une statue chinoise en cuivre doré, la déesse Kouan-yn, avec son encadrement en bois sculpté, et un tableau ancien, dessin à l'encre de chine.
1859	»	Armes chinoises, vingt pièces.
1863	LARRIEU.	Vêtements mexicains, en peau brodée et frappée.
1864	GRANDIDIER.	Soixante-quatre objets divers, de l'Amérique du Sud.
1865	DABLIN.	Trois émaux cloisonnés chinois.
»	RIEDEL, résidant holland. à Garontalo (Célèbes).	Trente pièces diverses. (Modèles et produits de l'industrie Malaise).
1867	LE COMITÉ DE LA NOUV. - GALLES DU SUD A L'EXPOSITION UNIV.	Sept armes diverses des indigènes de la Nouvelle-Galles du Sud.
»	A. GREHAN, consul general de S. M. le Roi de Siam à Paris.	Deux pirogues royales de Siam. (Modèles).

MUSÉE DU LOUVRE.

III.

ÉNUMÉRATION DES SALLES OUVERTES AU PUBLIC.

ÉNUMÉRATION DES SALLES ET GALERIES DU LOUVRE.

Bien que le nombre des objets d'art envoyés d'Italie et d'Allemagne, à la suite des conquêtes de Napoléon Iᵉʳ, fût très-considérable, tous ces objets réunis à ceux faisant antérieurement partie de la Couronne étaient exposés dans dix-neuf salles du Louvre et surveillés par dix-sept gardiens. Pendant les règnes de Louis XVIII et de Charles X, le nombre des salles ouvertes fut de quarante-quatre, et celui des gardiens de trente-quatre. Sous Louis-Philippe, les collections prirent un grand accroissement ; il fallut quatre-vingt-neuf salles pour les contenir, et le personnel des gardiens s'éleva à soixante-sept. Depuis le règne de Napoléon III, le Louvre a été en quelque sorte complétement transformé extérieurement et intérieurement. Cent trente-deux salles sont livrées au public et à l'étude, et cent dix-sept gardiens suffisent à peine au service qu'elles exigent.

Voici le dénombrement des salles ouvertes et de celles à ouvrir, l'indication du nom qu'elles portent et du département dont elles font partie.

REZ-DE-CHAUSSÉE.

Sculpture. Antiques.

Vestibule Denon.
Galerie Mollien (dépôt provisoire de la
  Colonne Trajane).
Galerie Daru.
Premier palier du grand escalier.
Vestibule Daru.
Rotonde.
Salle des Bas-reliefs.
— de Mithra.
— de Rome.
— de Julien.
— de Marc-Aurèle
— d'Auguste.

Ces sept salles renferment, en grande partie, l'iconographie romaine.

TOTAL : douze salles, dont onze livrées au public.

Sculpture. Antiques.

Salle de Diane.
— du Tibre.
Galerie de Melpomène.
— de la Vénus de Milo.
Salle du Centaure.
Hémicycle de l'Hermaphrodite.
Salle des Cariatides.

TOTAL : sept salles ouvertes. Celle de Diane sera prête à la fin de l'année.

Sculpture. Renaissance.

Salle des Anguier.
— de Jean Goujon.
— de Jean de Douai.
— de Michel Colombe.
Vestibule des salles de la Renaissance.

TOTAL : cinq salles ouvertes.

Sculpture. Temps modernes.

Salle Coyzevox.
— Puget.
— des Costou.
— de Houdon.
— de Chaudet.

TOTAL : cinq salles ouvertes.

Sculpture. (Magasins, ateliers).

Vestibule (dépôt).
Salle Chrétienne.
— de la Cheminée de Bruges.
Ancien corps de garde.
Deux salles.

TOTAL : six salles, dont deux peuvent être ouvertes

Sculpture. Antiquités grecques et orientales.

Vestibule de la galerie assyrienne.
Galerie assyrienne.
Salle des bas-reliefs de Magnésie.
Vestibule.
Galerie des plâtres.
Salle du Sarcophage d'Esmunazar.
— de Ninive.
— Grecque.
— des Antiquités judaïques.

TOTAL : neuf salles, dont huit ouvertes.

Sculpture.   Galerie algérienne ou africaine.

Au rez-de-chaussée, le département des Antiques occupe quarante-cinq salles, dont trente-sept sont ouvertes au public, et quatre pourront être livrées dans un temps assez rapproché. Deux salles, en outre, sont consacrées au moulage et à la vente des plâtres.

Département des Antiquités égyptiennes.

Grande galerie égyptienne.
Vestibule d'Apis.
Crypte du Serapæum.

TOTAL : deux salles ouvertes.

*Département de la pein-
    ture, etc.*

                    Chalcographie, salle de vente.
                    Magasin.
                    Atelier de l'imprimerie.
                    Laboratoire.
                    Dépôt des planches, à l'entre-sol.

             TOTAL : cinq salles, dont une publique.

RÉSUMÉ : quarante-deux salles, au rez-de-chaussée du Louvre, sont
    ouvertes au public.

SALLES DU PREMIER ÉTAGE.

Département des Antiques.
                    Rotonde (sculpture antique).

*Département de la Renais-
    sance.*
                    Galerie d'Apollon.

Département des Antiques.
                    Salle des bijoux.   (Musée Napoléon III.)
                    — des Verres, Vases
                          noirs.   (Musée CharlesX.)
                    — des Vases grecs,
                        figures rouges.   —
                    — des Amphores.   —
                    — des Vases, figu-
                      res noires.   —

*Département des Antiqui-
    tés égyptiennes.*
                    Salle des Colonnes.   —
                    — des Dieux.   —
                    — Funéraire.   —
                    — Civile.   —
                    — Historique.   —
                    Palier du grand esca-
                    lier. Statuaire.   —

    Le Musée Charles X comprend dix salles : quatre salles pour les
vases grecs, etc.; six salles pour les antiquités égyptiennes.

Département des Antiques.

Salle Asiatique.	(Musée Napoléon III.)
— des Grands-Plats.	—
Salle des Vases noirs.	—
Salle du Tombeau lydien.	—
Salle des Corinthiens.	—
Salle des Vases rouges, figures noires.	—
Salle des Vases noirs, figures rouges.	—
Salle des Rythons.	—
— des Peintures et verreries.	—

TOTAL : neuf salles ouvertes

Musée des Souverains.

Salon Louis XIII.
— Henri IV.
Chapelle du Saint-Esprit.
Salon de Dagobert à Louis-Philippe.
— de Napoléon Ier.

TOTAL : cinq salles ouvertes.

Département de la peinture.

1. Peintures primitives.	(Musée Napoléon III.)
2. —	—
3. —	—

TOTAL : trois salles renfermant les peintures de la collection Campana.

Département des Antiques.

Palier de l'escalier du nord de la Colonnade. (Vases, etc.)

8

Département du Moyen Age   Salle de Lucca della
   et de la Renaissance.   Robbia.   (Musée Napoléon III.)
                            Salle des faïences
                             italiennes.   —

                          —   —

                           Salle de Bernard Palissy.
                            — du XVIᵉ siècle.
                            — Henri II. Meubles.
                            Ivoires. Rétable de Poissy.

                  TOTAL : huit salles. Les deux premières renferment des objets de la collection Campana.

Département des peintures,
   dessins, etc.   Pastels, miniatures, cartons, dessins.

                  TOTAL : quatorze salles.

Département des Antiques.   Salle des Bronzes (ancienne Chapelle).
            —   Galerie des Terres
                            cuites.   (Musée Napoléon III.)
                            Petite salle des Ter-
                            res cuites.
                            Palier de l'escalier Percier (pourra rece-
                            voir de la sculpture).

Département de la pein-   Salle des Fresques.
   ture, etc.   Grand salon.
                            Grande galerie, 1ʳᵉ travée.
                                       —   2ᵉ   —
                                       —   3ᵉ   —
                                       —   intervalle.
                            Salon français, Clouet, son école.
                                — Saint Bruno, Lesueur.

                             —   —

                            — Joseph Vernet.
                            Galerie française, Mollien.
                            Salon du pavillon Denon.
                            Salle provisoire des séances (recevra des
                            peintures).
                            Galerie Daru.
                            Salle des sept mètres.

                 TOTAL : quinze salles, galeries ou salons, dont quatorze ouverts.

Au premier étage du Louvre, sur soixante-treize salles, soixante et onze sont ouvertes au public. Le département des Antiques en possède dix-neuf ; — celui des Égyptiens, six ; — le département de la Renaissance, quatorze ; — celui de la peinture, trente-deux.

DEUXIÈME ÉTAGE.

Cet étage comprend : les bureaux de l'administration, ceux de MM. les Conservateurs, Conservateurs adjoints et Attachés aux différents départements ; divers ateliers et magasins. On y trouve comme musées :

Départements des peintures, de la Renaissance, des Antiques.

Salle des Dessins.

Anti-salle.

(Ces deux salles sont consacrées à l'exposition des dessins de maîtres qui pourraient s'altérer à la lumière, et qui sont enfermées dans des boîtes ouvertes, le samedi, de 2 à 4 heures. La première sert en même temps de salle d'étude.)

Salle du dépôt de la Renaissance (autrefois, exposition des imitations frauduleuses d'objets antiques).

Département de la Marine et de l'Ethnographie.

Trois salles, objets chinois.

Une grande salle, ethnographie.

Une salle d'objets divers.

Salle de l'Afrique centrale.

TOTAL : six salles pour l'ethnographie.

Département de la Marine.

Onze salles consacrées aux modèles de vaisseaux et de ports ; objets, armes faisant partie de la construction et de l'équipement des navires.

Département des Antiques.

Salle étroite et un appendice. Musée Mexicain.

Vingt et une salles ouvertes au deuxième étage du Louvre. Le département des Antiques en compte deux ; — celui de la Marine, dix-sept; — et celui de la Peinture, deux, plus une pour la Renaissance et les Antiques.

RÉSUMÉ.

Les salles qui offrent au public les objets d'art sont au nombre de cent trente-deux, savoir :

		Rez-de-chaussée	1er étage.	2e étage.
Département des Antiques, sculpture.	57	37	19	1
— des Égyptiens.........	9	3	6	»
— de la Peinture, etc.....	35	1	32	2
— de la Renaissance, etc..	14	»	14	»
— de la Marine, etc.......	17	»	»	17

Le Musée Napoléon compte à lui seul seize salles, savoir :

Au département des Antiques......... 11
    — de la Peinture........ 3
    — de la Renaissance..... 2

MUSÉES IMPÉRIAUX.

IV.

MUSÉE DU LUXEMBOURG.

MUSÉE DU LUXEMBOURG.

Les objets de l'École moderne de France, exposés dans les galeries du Luxembourg, ne sont point acquis directement par la Direction des Musées impériaux. Ils proviennent de dons de S. M. L'EMPEREUR, surtout d'envois faits par le Ministère des Beaux-Arts à la suite d'achats après les expositions, et de dons particuliers. Il s'opère, presque chaque année, un mouvement dans les galeries. Les œuvres les plus célèbres des artistes morts y restent en attendant leur entrée dans le Musée du Louvre. Les autres, au contraire, après un certain stage, sont accordées à des Musées de province, ou prennent place dans les résidences impériales, et sont remplacées par des œuvres plus récentes.

DONS DE L'EMPEREUR.

PEINTURE.

ANNÉES.	MAITRES.	DÉSIGNATION DES SUJETS.	PRIX.	
1853	MONTESSUY.	La Madone des Grâces à la Cervara (salon de 1849)................	2,000.	»
1859	DE CURZON.	Psyché (salon de 1859)..........	5,000.	»
»	DESGOFFE (Blaise)	Vase d'améthyste (XVIᵉ siècle), salon de 1859	1,000.	»

ANNÉES.	MAITRES.	DÉSIGNATION DES SUJETS.	PRIX.	
1859	HEBERT.	Les Cervarolles (États-Romains), (salon de 1859)...............	15,000.	»
»	LANDELLE.	Le Pressentiment de la Vierge (salon de 1859).....................	6,000.	»
1862	BRETON (Jules).	Le Rappel des Glaneuses (Artois) (salon de 1859)		»
1864	MEISSONIER.	L'Empereur à Solferino (salon de 1864).........................		»
»	O. PENGUILLY-L'HARIDON.	Le Tripot (salon de 1867).........	1,500.	»
»	MEISSONIER.	L'Empereur entouré de son état-major		»
1867	DE CURZON.	Dominicains ornant de peintures leur chapelle (salon de 1867)....	3,000.	»
»	GIRAUD (Charles)	Une salle de l'Hôtel de Cluny (salon de 1867)	3,000.	»
»	GIRAUD (Eugène)	Une Danseuse au Caire (salon de 1866).........................	8,000.	»
»	GIRAUD (Victor.)	Un Marchand d'esclaves (salon de 1867).........................	6,000.	»
»	MAISIAT.	Le Bord d'un chemin (salon de 1867).	1,500.	»
»	O. PENGUILLY-L'HARIDON.	La leçon d'équitation (salon de 1863).....................	2,500.	»
	SAIN (Édouard).	Fouilles à Pompeï (salon de 1866).	4,000.	»
»	DE TOURNEMINE	Éléphants d'Afrique (salon de 1867).	3,000.	»
		Total..........	61,500.	»

MUSÉE DU LUXEMBOURG.

ENVOIS DES MINISTÈRES.

ANNÉES.	MAITRES.	DÉSIGNATION DES SUJETS.	MINISTÈRES.
1857	FLANDRIN (Hippolyte).	Étude de jeune homme (salon de 1855), acquis pour 3,000 fr.	MINISTÈRE D'ÉTAT.
1860	SAINT-JEAN.	Les Fleurs dans les ruines (salon de 1855)..................	»
»	»	La Récolte..................	»
»	BREST.	Les Bords du Bosphore (salon de 1863)..................	MINISTÈRE DES BEAUX-ARTS.
»	BRION.	Les Pelerins de Sainte-Odile (salon de 1863).............	»
»	BELLEL.	Solitude, paysage composé (salon de 1863)..............	»
»	DESGOFFE (Blaise).	Vase de cristal de roche, du XVIᵉ siècle (salon de 1863)....	»
»	FICHEL.	L'Arrivée à l'Auberge (salon de 1863).................	»
»	FRANÇAIS.	Orphée (salon de 1863)........	»
»	FROMENTIN.	Chasse au faucon en Algérie (salon de 1863)............	»
»	LELEUX (Adolphe).	Noce en Bretagne (salon de 1863).	»
»	LELEUX (Armand).	Intérieur de la pharmacie du couvent des capucins à Rome (salon de 1863)............	»
»	MARCHAL.	Le Choral de Luther (Alsace) (salon de 1863)............	»
1863	INGRES.	Jeanne d'Arc au sacre de Charles VII, dans la cathédrale de Reims..................	»

ANNÉES.	MAITRES.	DÉSIGNATION DES SUJETS.	MINISTÈRES.
1863	NAZON.	Bords de l'Aveyron , soir d'automne (salon de 1863).	MINISTÈRE DES BEAUX-ARTS
»	OUVRIÉ (Justin).	Le Monument de Walter-Scott à Édimbourg (salon de 1863).	»
»	ZO.	L'Aveugle de la porte Doce Cantos, à Tolède (salon de 1863.)	»
1864	AMAURY-DUVAL.	Étude d'enfant (salon de 1864).	»
		La Salutation angélique (salon de 1864).	»
»	ANASTASI.	Terrasse de la villa Pamphili, à Rome ; au fond , le dôme de Saint - Pierre (salon de 1864).	»
»	APPERT.	Le pape Alexandre III (salon de 1864).	»
»	BERCHÈRE.	Crépuscule. Nubie inférieure (salon de 1864).	»
»	BRENDEL.	Bergerie à Barbizon (salon de 1863).	»
»	BRION.	La fin du déluge (salon de 1863).	»
»	CHAPLIN.	Les Bulles de savon (salon de 1863).	»
»	CIBOT.	Le Gouffre, près Seineport (Seine-et-Marne) (salon de 1863).	»
»	DAUBAN.	Réception d'un étranger chez les Trappistes (salon de 1863).	»
»	DUVERGER.	Cache-cache (salon de 1863) ...	»
»	FLANDRIN (Paul)	La Solitude ; paysage	»
»	GLAIZE.	Les Écueils (salon de 1864)....	»

ANNÉES.	MAITRES.	DÉSIGNATION DES SUJETS.	MINISTÈRES.
1864	HAMMAN.	Enfance de Charles-Quint ; une lecture d'Érasme à Bruxelles, 1511 (salon de 1863).......	MINISTÈRE DES BEAUX-ARTS
»	LANOUE.	Vue du Tibre ; campagne de Rome (salon de 1864)........	»
»	LELEUX (Armand).	La partie d'échecs, abbés italiens (salon de 1864).......	»
»	LEROUX (Eugène).	Le Nouveau-né ; intérieur breton (salon de 1864).............	»
»	LEROUX (Hector).	Funérailles au columbarium de la maison des Césars, à Rome (salon de 1864).............	»
»	MARCHAL.	La Foire aux servantes, à Bouxwiller (Alsace) (salon de 1864).	»
»	PATROIS.	Procession des Saintes-Images à St-Pétersbourg (salon de 1861).	»
»	RANVIER.	La Chasse au filet (salon de 1864).	»
»	SCHREYER.	Chevaux de cosaques irréguliers, par un temps de neige......	»
»	SCHUTZENBERGER	Centaures chassant un sanglier.	»
1865	ACHENBACH.	Une Fête à Genazzano, États-Romains (salon de 1865).......	»
»	D'ALIGNY.	La Chasse ; soleil couchant (salon de 1865).................	»
»	BERTIN (Édouard)	Vue d'un ermitage dans une ancienne excavation étrusque, pres Viterbe..............	»
»	BUSSON.	Chasse au marais dans le Berry (salon de 1865)............	»
»	CHEVANDIER DE VALDROME.	Côtes des environs de Marseille, soleil couchant (salon de 1865).	»

ANNÉES.	MAITRES.	DÉSIGNATION DES SUJETS.	MINISTÈRES.
1865	DELAUNAY.	La Communion des apôtres (salon de 1865)...............	MINISTÈRE DES BEAUX-ARTS
»	DORÉ.	L'Ange de Tobie (salon de 1865).	»
»	DUVERGER.	Le Laboureur et ses enfants (salon de 1865)...............	»
»	GIACOMOTTI.	L'Enlèvement d'Amymoné (salon de 1865)...............	»
»	GIGOUX.	Le bon Samaritain (salon de 1857).....................	»
»	GUILLAUMET.	Prière du soir dans le Sahara (salon de 1863)..............	»
»	HILLEMACHER.	Un Confessionnal dans l'église Saint-Pierre, à Rome, le dimanche de Pâques (salon de 1848).....................	»
»	LAFON.	Saint Jean de Dieu, fondateur de l'ordre des Hospitaliers de ce nom (salon de 1865)........	»
»	RANVIER.	Enfance de Bacchus (salon de 1865).....................	»
»	RIBOT.	Saint Sébastien, martyr (salon de 1865)...................	»
»	RICHOMME.	Saint Pierre d'Alcantara guérissant un enfant malade (salon de 1864)...................	»
»	Mlle SARAZIN DE BELMONT.	Saint Jérôme ; paysage (salon de 1865)...................	»
»	SCHREYER.	Charge de l'artillerie de la garde impériale à Traktir, en Crimée, 1855 (salon de 1865)....	»
»	SOYER.	Dentellières à Asnières-sur-Oise (salon de 1865)............	»

ANNÉES.	MAITRES.	DÉSIGNATION DES SUJETS.	MINISTÈRES.
1865	VETTER.	Mascarille présentant Jodelet à Cathos et a Madelon	MINISTÈRE DES BEAUX-ARTS.
1867	BLIN.	L'Arguenon à marée basse (Côtes-du-Nord) (salon de 1866).	»
»	DIDIER (Jules).	Labourage sur les ruines d'Ostie (salon de 1866)............	»
»	HARPIGNIES (H.)	Le Soir; campagne de Rome (salon de 1866)...........	»
»	HENNER.	La chaste Suzanne (salon de 1865)....................	»
»	LEFEBVRE (Jules)	Nymphe et Bacchus (salon de 1866)....................	»
»	LEGROS (Alph.).	Lapidation de saint Étienne (salon de 1867).............	»
»	LEVY (Émile).	Mort d'Orphée (salon de 1866)..	»
»	MICHEL (Ch. Henri).	La Sainte Communion (salon de 1866)....................	»
»	MOREAU (Gust.).	Orphée (salon de 1866)........	»
»	ROBERT-FLEURY (Tony).	Les Vieilles de la place Navone (salon de 1867)............	»
»	TIMBAL.	La Muse et le Poëte..........	»
»	ULMANN.	Sylla chez Marius (salon de 1866)................	»
»	VETTER.	Molière et Louis XIV (salon de 1864)....................	»
»	WYLD.	Vue de Venise..............	»

SCULPTURE.

ANNÉES.	MAITRES.	DÉSIGNATION DES SUJETS.	MINISTÈRES.
1853	CAVELIER.	La Vérité; figure de marbre (salon de 1853)............	MINISTÈRE D'ÉTAT.
»	DEBAY (J.-B.-J.)	La Pudeur cède à l'Amour; groupe de marbre (salon de 1853)..................	»
»	GUILLAUME.	Les Gracques; groupe de bronze (salon de 1853)............	»
»	HÉBERT (Pierre).	Enfant jouant avec une tortue; groupe de marbre (salon de 1853)..................	»
»	MAILLET.	Agrippine et Caligula; groupe de marbre (salon de 1853)...	»
»	OLIVA.	Rembrandt; buste de bronze (salon de 1853)............	»
1857	GASTON-GUITTON	Léandre; figure de marbre (salon de 1857)..............	»
»	MILLET (Aimé).	Ariane; figure de marbre (salon de 1857)..................	»
»	OLIVA.	Le R. P. Ventura; buste de marbre (salon de 1857)........	»
1861	LEHARIVEL-DU-ROCHER.	Être et paraître; figure de marbre (salon de 1861)........	»
»	MAILLET.	Agrippine portant les cendres de Germanicus; figure de marbre (salon de 1861)......	»
»	MOREAU (Mathurin).	Une fileuse; figure de marbre (salon de 1861)............	»
1863	AIZELIN.	Psyché; figure de marbre (salon de 1863)................	MINISTÈRE DES BEAUX-ARTS
»	PERRAUD.	Enfance de Bacchus, groupe de marbre (salon de 1863)......	»

MUSÉE DU LUXEMBOURG.

DONS PARTICULIERS.

ANNÉES.	MAITRES.	DÉSIGNATION DES SUJETS.	DONATEURS.
1854	PLACE.	Marine. Falaises de Douvres (salon de 1849)............	L'AUTEUR.
1862	Mme HERSENT (1816).	Portrait de Mme de Fumel, supérieure générale des Dames de l'Institution du Saint-Enfant-Jésus (salon de 1819).......	Légué par L'AUTEUR.
»	Mme DESNOS.	Portrait à mi-corps de Mme Hersent, † 1862..............	Mme D'ANISY, sa nièce.
1865	TROŸON.	Le Retour à la ferme (salon de 1859)...................	Mme Ve TROYON sa mère.
1866	ROLLER.	Portrait d'homme...........	L'AUTEUR.
1867	Mme CÉLINE DE SAINT-ALBIN.	Un Cactus (salon de 1867).....	L'AUTEUR.

DESSINS, CARTONS, MINIATURES, PASTELS.

ANNÉES.	MAITRES.	DÉSIGNATION DES SUJETS.	DONATEURS.
1853	DAVID (Maxime).	Trois portraits d'Abd el-Kader ; miniatures (salon de 1853)...	MINISTÈRE D'ÉTAT.
1857	BIDA (Alexand.).	Réfectoire de moines grecs ; dessin (salon de 1857)...........	»
»	»	L'Appel du soir en Crimée ; dessin (salon de 1867)..........	»
1861	»	Le Champ de Booz à Bethléem (salon de 1861).............	»
»	HEIM.	Quatre-vingt-quatre portraits, au crayon noir, de divers membres de l'Institut de France....................	»
»	INGRES.	Portrait de M. A. Martin ; dessin à la mine de plomb........	»
»	LAMI (Eugène).	Souper dans la salle de spectacle de Versailles ; aquarelle.....	»
1863	D'ALIGNY.	Rochers et châtaigniers.......	MINISTÈRE DES BEAUX-ARTS
1864	APPIAN.	Retour des champs ; fusain....	»
1865	S. A. I. Mme LA PRINCESSE MA-THILDE.	Tête de jeune fille ; aquarelle (salon de 1865).............	L'AUTEUR.

MUSÉES IMPÉRIAUX.

V.

MUSÉE DE SAINT-GERMAIN.

MUSÉE DE SAINT-GERMAIN.

Par décret de S. M. l'Empereur, en date du 8 mars 1862, il a été fondé à Saint-Germain-en-Laye un Musée d'Antiquités nationales comprenant toute notre histoire, depuis les temps les plus reculés jusqu'à Charlemagne.

Ce Musée a été inauguré par Sa Majesté le 12 mai 1867.

Il comprend aujourd'hui onze salles, plus un atelier de reproduction d'objets antiques (moulage et galvanoplastie).

Le nombre des objets entrés au Musée, par don ou par achat, depuis l'origine et figurant dans les salles, ne monte pas à moins de 13,800, qui se décomposent de la manière suivante :

1. Objets d'antiquité proprement dits....	10,500
2. Monnaies gauloises et romaines.......	2,500
3. Livres, brochures et albums archéologiques.....................	800
Total	13,800

Ces richesses proviennent de :

Dons de l'Empereur	5,500
Dons de divers particuliers	4,000
Atelier de reproduction	1,000
Achats du Musée....................	3,000
Total........	13,800

Nous signalerons particulièrement, en suivant l'ordre indiqué plus haut :

DONS DE L'EMPEREUR.

DÉSIGNATION DES OBJETS.	NOMBRE D'OBJETS.	PRIX.
Collection de poteries et vases divers, trouvés dans les environs de Lyon.....	113	» »
Hache en jade vert, trouvée dans la forêt de Sénart.........................	1	» »
Collection de deux cent trente-quatre armes gauloises en bronze, haches, pointes de lances, etc...............	234	» »
Haches en pierre de diverses provenances.	146	» »
Les bas-reliefs de la Colonne Trajane (moulage)............................	59	» »
Les bas-reliefs de l'Arc de Constantin (moulage)............................	18	» »
Reproduction en relief, à l'échelle de 20,1000, des principaux monuments celtiques de France....................	30	» »
Statue d'Auguste (moulage)............	1	» »
Soldat gaulois du Musée Calvet (moulage)..	1	500. »
Quatre catapultes, construites d'après les textes anciens.....................	4	» »
Les mêmes, petit modèle...............	3	» »
Plans en relief d'Alise-Sainte-Reine (Alesia), Bourges (Avaricum), Puy-d'Ussolu (Uxellodunum), Namur (oppidum Aduatucorum), et des camps romains de Saalburg, Wiesbaden et Tebessa.........	12	» »

DÉSIGNATION DES OBJETS.	NOMBRE D'OBJETS.	PRIX.
Collection des armes et autres objets trouvés dans les fossés de César, à Alise. Plus de cinq cents armes (épées, pilum, javelots, casques, umbo de boucliers) et objets divers , parmi lesquels le *beau vase d'Alise*	550	» »
Collection d'objets trouvés dans les tranchées ouvertes à Uxellodunum , sur l'emplacement des attaques de César...	50	» »
Casque de gladiateur, cnémides et brassards, armes de la Grande-Grèce, provenant de la collection Pourtalès......	10	10,000. »
Collection dite du Roi de Danemark, don du roi Frédéric VII, à l'Empereur.....	347	» »
Collection des objets trouvés dans les fouilles de Saint-Pierre-en-Châtre (forêt de Compiegne........................ .	300	» »
Anneau d'or du poids de *mille francs*, trouvé à Besné (Loire-Inférieure)............	1	2,500. »
Découverte de Larnaud (Jura), débris d'un atelier de fondeur, commencement du premier âge de fer.................	1,000	3,000. »
Collection de statuettes gallo-romaines en bronze et en terre cuite, ancienne collection Oppermann	90	3,000. »
Deux bracelets en or battu et huit fragments trouvés dans le Finistère.......	10	1,000. »
Bracelets et boucles d'oreilles en or, provenant du tumulus de Châtillon-sur-Seine........................	4	» »
Armes et autres objets trouvés dans les tumulus de Saint-Bernard (Ain)	40	» »
Armes, bijoux et poteries, provenant des cimetières de la Marne..............	1,000	5,000. »

DÉSIGNATION DES OBJETS.	NOMBRE D'OBJETS.	PRIX.	
Trois diplômes militaires.................	3	»	»
Balles en plomb, pour fronde	26	»	»
Objets provenant des fouilles faites au camp de Bourguignon-les-Morey	48	»	»
Epée romaine en fer, trouvée à Trévoux (Ain)	1	»	»
Vase grec sur lequel est représenté l'Amentum...............................	1	450.	»
Collection Blanchon, de Vaison..........	800	5,000.	»
Tous ces objets sont du plus haut intérêt au point de vue historique.			

MUSÉE DE SAINT-GERMAIN.

ENVOIS DES MINISTÈRES.

MINISTÈRES.	DÉSIGNATION DES OBJETS.	NOMBRE D'OBJETS.
S. E. LE MINISTRE DE L'INSTRUCTION PUBLIQUE.	Objets provenant de fouilles faites dans les stations du lac du Bourget, aux Éysies et à Bruniquel (Tarn et-Garonne)............	350
»	Objets provenant de la tombe de Cros-Magnon et moulage des ossements humains..........	68
»	Collection Van de Poel. Instruments en pierre polie, recueillis à Java	32
S. E. LE MINISTRE DES TRAVAUX PUBLICS.	Collection d'objets trouvés dans les draguages de la Seine......	100

MUSÉE DE SAINT-GERMAIN.

DONS PARTICULIERS.

AUTEURS.	DÉSIGNATION DES OBJETS.	NOMBRE D'OBJETS.
BOUCHER DE PERTHES.	Collection de haches et couteaux en silex et ornements de l'époque quaternaire, principalement des terrains d'Abbeville et de Saint-Acheul.............	700
CHRISTY ET LARTET	Collection de brèches, couteaux en silex et os travaillés, provenant des cavernes du Périgord	400
E. LARTET.	Silex et ossements travaillés, provenant de la grotte d'Aurignac.	50
D' F. KELLER.	Collection d'antiquités lacustres de Suisse	80
Colonel SCHWAB (de Bienne).	Armes en fer, épées, lances, umbo, etc., de la station de la Tène (lac de Neufchâtel)	60
DESOR.	Objets en pierre, bronze et fer, provenant des stations lacustres de Suisse....................	20
DUQUENELLE (de Reims).	Objets en bronze, fer et diverses autres matières, provenant de découvertes faites à Reims.....	150
LE METAYER-MASSELIN.	Collection des objets trouvés dans les fouilles de Berthouville (Eure)	200

DONATEURS.	DÉSIGNATION DES OBJETS.	NOMBRE D'OBJETS.
DE RING.	Armes et bijoux, provenant des tumulus de l'Alsace	25
DE FAY.	Armes et bijoux, provenant de fouilles faites dans les tumulus gaulois de la Haute-Marne	42
DE SAULCY.	Objets divers, provenant de fouilles exécutées dans les tumulus de la Côte-d'Or et des Vosges.....	170
DE BREUVERY.	Collection de silex, provenant des cavernes du Périgord.....	200
DE FAURE.	Ex-voto en argent, trouvés à Vichy.	72
VERCHÈRE DE REFFYE.	Cuirasse gauloise en bronze; épée et poignard, trouvés dans la Seine......................	3
Commandant OPPERMANN.	Divers objets en bronze	15
DE COSSÉ-BRISSAC, chambellan de S. M. l'Impérat.	Un sanglier, enseigne en bronze..	1
E. PEREIRE.	Un anneau d'or du poids de *mille francs*, trouvé à Caudos (Landes), tout à fait analogue à l'anneau de Besné, donné par S. M. l'Empereur.............	1
J. PÉREIRE (Me).	Abeilles en or formant un bracelet.	1
DE CERNY DE LESTINOIS.	Armes et autres objets provenant des cimetières mérovingiens du département de l'Aisne	50
Abbé COCHET.	Armes et autres objets provenant de cimetières mérovingiens du département de la Seine-Inférieure	30

DONATEURS.	DÉSIGNATION DES OBJETS.	NOMBRE D'OBJETS.
Vᵗᵉ D'ABOVILLE.	Objets provenant des fouilles du Mont-Beuvray	100
Dʳ ROMER.	Objets hongrois : hache et bracelets en bronze, ayant figuré à l'Exposition universelle	21
W. SCHMIDT, commissaire danois.	Objets divers, ayant figuré à l'Exposition universelle	15
MONTEFIORI, commissaire de la Nouv.-Galles du Sud à l'Exposit.	Armes des indigènes de l'Australie (de l'Exposition universelle)...	40
J. EVANS.	Collection de silex de diverses localités de la Belgique	40
BOUHOUR et MARAIS	Objets provenant du cimetière mérovingien de Guéprey (Orne)..	55
BOURGUIGNAT.	Vases et objets divers provenant des dolmens de Roknia (Algérie)......................	43

Plus, quatre-vingt-cinq autres donateurs (représentant six cent cinquante objets), parmi lesquels nous citerons les noms suivants :

MM. le maréchal Vaillant, Prosper Mérimée, Damour, Dʳ Léveillé, abbé Bourgeois, Abel Maitre, Beaune, de Ferry, abbé Ceres, Figari-Bey, de Mortillet, de Peybère, Peccadeau de Lisle, Elie Massénat, Philibert Lalande, Aurès, Maillet du Boullay, de Longwy, François Lenormant, Campagne et Chanoine, Mialaret, de Saporta, Œscher, Robineau des Voydis, Collas et Bailleau, Mᶦˡᵉ Cahingt, de Baumefort, de Nadaillac, Vallier, Filhol (de Toulouse), Detroyat, Laurent Rabut, Plasson, Harel, Bonneau, Dreyfus, A. Parent, L. Galles, Fabretti (de Turin), Paul Raymond, Rigollot, duc de Luynes, colonel Jomard, Hervey de St-Denis, Chantre, Gastaldi, D. Buttura, A. de Barthélémy, Pruner-Bey, Léon Renier, Thioly, A. Maury, Watelet, R. Foresi, Dʳ Loydreau, Revoil, Schaffhausen, Challande, J. Brout, Arcelin, etc.

MUSÉE DE SAINT-GERMAIN.

ACQUISITIONS.

D'autre part, le Musée a fait les achats suivants :

DÉSIGNATION DES OBJETS.	NOMBRE D'OBJETS.	PRIX.
Poteries gallo-romaines (collection Fabre)..	150	3,500. »
Statuettes ou fragments de statuettes en terre cuite	80	3,000. »
Silex taillés du grand Pressigny...........	50	100. »
Tête de divinité avec inscription, et patère gallo-romaine en bronze	2	500. »
Une cuiller gallo-romaine en argent	1	100. »
Torques gaulois en or	1	507. »
Découverte de Vaudrevange ; bronzes gaulois, épée, moule de hache, bracelets, tintinnabulum, etc......................	43	2,400. »
Statuettes en terre cuite provenant de la collection Muret....................	24	[1,000. »
Urnes funéraires et lampes en terre cuite, des cimetières gallo-romains d'Arles....	25	30). »
Urnes en verre et objets divers, des cimetières gallo-romains d'Orange	300	1,500. »
Silex et poteries, provenant de la fouille du cromlech d'Orlanic (Morbihan).........	50	200. »

DÉSIGNATION DES SUJETS.	NOMBRE D'OBJETS.	PRIX.
Objets provenant des fouilles du dolmen d'Argenteuil	50	200. »
Collection Jering de Mayence	80	428. »
Collection d'objets lacustres (achats Keller).	300	300. »
Fouilles des dolmens du Gard	45	200. »
Silex quaternaires des environs de Paris (achat Reboux)	58	200. »
Boucles d'oreilles mérovingiennes en or....	2	200. »
Torques et fragments de bracelets en or provenant de Juligny (Allier)..........	3	310. »
Coffret de dame romaine avec deux bagues en or et autres menus objets	8	200. »
Pépite d'or ayant servi de bijoux provenant de la Californie......................	1	200. »
Objets provenant du cimetière Gaulois de Crony (C. de Bergères) Marne..........	8	200. »
Épée en bronze de Plougrescaut (Côtes-du-Nord)	1	75. »
Épée hongroise en bronze..........	1	350. »
Plus un grand nombre de petits achats d'objets destinés à compléter les séries...	500	2,000. »
Et les moulages des bas-reliefs de l'arc d'Orange, cent cinquante pièces exécutées par M. Abel Maistre..................	150	6,000. »

Le Musée possède, en outre, un grand nombre de moulages d'armes, bijoux stèles antiques, avec ou sans inscriptions, sortis de ses ateliers et qu'il serait trop long d'énumérer. Quelques-uns de ces objets ont été reproduits par la galvanoplastie.

COLLECTION DES MONNAIES.

Les particuliers ont fort peu contribué à la formation du médaillier du Musée de Saint-Germain, qui est composé, presque uniquement, de dons faits par l'Empereur et d'achats.

DONS DE L'EMPEREUR.

DÉSIGNATION DES OBJETS.	NOMBRE D'OBJETS.	PRIX.
Collection des monnaies trouvées à Alise-Sainte-Reine, dans les fossés de César....	620	» »
Découverte de la Villeneuve-au-Roy (Haute-Marne)	300	» »
Découverte de Beauvoisin (Drôme)........	212	» »
Découverte de Bridiers (Creuse)	28	» »
Vercingétorix en or (vente Raiffé)........	1	690. »
Aureus de Hirtius	1	60. »
Aureus de Valens, Valentinien III, Magnus, Maximus et Constantin III	4	160. »
(Pièces frappées à Trèves).		

DÉSIGNATION DES OBJETS.	NOMBRE D'OBJETS.	PRIX.
Médaillon d'argent de Valentinien III, frappé à Tréves..........................	1	
Grand bronze d'Adrien (Restitutor Galliæ)..	1	
Grand bronze d'Adrien (Adventus Aug. Galliæ)	2	
Quinaires de M. Antoine (colonie de Lyon)..	2	
Bronze gaulois de Pixtilos................	1	400. »
Deniers d'argent de Valens, Julien II et Gallien, frappés à Tréves................	3	
Triens mérovingiens de Châlon-sur-Saône (or)	2	
Triens de Durstedt (or)	1	
Monnaies provenant du camp de Châlons...	20	

DONS PARTICULIERS.

Un seul don particulier mérite d'être signalé, c'est celui de M. le vicomte d'Aboville, comprenant la collection des monnaies trouvées dans les fouilles du Mont-Beuvray	200	» »

MUSEE DE SAINT-GERMAIN.

ACQUISITIONS.

(Monnaies et Médailles.)

Le surplus du médaillier se compose de 600 monnaies environ, parmi lesquelles sont particulièrement à remarquer :

DÉSIGNATION DES OBJETS.	NOMBRE D'OBJETS.	PRIX.
1° La collection de monnaies en argent, trouvées à Vieille-Toulouse et recueillies sur place, par le même amateur, durant une période de dix ans (vente du cabinet Soulage)......................	250	200. »
2° Découverte d'Auriol, près Marseille, achat comprenant la série des principaux types.	31	300. »
3° Aureus de Constantin, frappé en Gaule..	1	200. »
4° Monnaie gauloise de CAMBIL (inédite)....	1	30. »
5° Série de monnaies gallo-romaines, frappées dans les divers ateliers de la Gaule..	90	43. »
6° Série de monnaies gauloises, représentant les types principaux du monnayage des populations citées par César...........	150	1,000. »
La majeure partie de ces monnaies est en or ou en argent.		

BIBLIOTHÈQUE.

Les livres de la bibliothèque proviennent, en grande partie, de dons faits par le Ministère de la Maison de l'Empereur et des Beaux-Arts. Les particuliers ont surtout donné des brochures dont il serait trop long d'énumérer les titres. Nous devons citer cependant :

1° L'*Album des monuments celtiques de la Vienne* (inédit), don de M. Longuemar.

2° L'*Album original des fouilles de Halstadt* (Autriche), par M. Ramsauer. — Achat du Musée.

3° Un Album archéologique manuscrit, 2 vol. in-folio, par M. Charles Cournault. — Don de l'Empereur.

MAGASINS.

Cinq cents objets environ, provenant de doubles ou de reproductions en plâtre, sont en magasin et pourront faire l'objet d'échange avec d'autres Musées.

MUSÉES IMPÉRIAUX.

VI

MUSÉE DE VERSAILLES.

MUSÉE DE VERSAILLES.

———

Depuis 1850, les collections historiques du Musée de Versailles ont été continuées et complétées par les acquisitions et commandes de l'Empereur, par celles de la Direction des Beaux-Arts et par des Dons particuliers. Le nombre total des objets d'art envoyés depuis dix-huit ans est de plus de quatre cents.

———

PEINTURE.

———

DONS DE S. M. L'EMPEREUR.

ANNÉES.	MAITRES.	DÉSIGNATION DES SUJETS.	PRIX.	
1853	BEAUCÉ.	Assaut et prise de Laghouat en 1852	»	»
1856	LEGRIP.	Portrait en pied du duc de Padoue, gouverneur des Invalides.......	1,500.	»
1857	DUPUIS-COLSON.	Portrait en buste du baron Parmentier agronome, membre de l'Institut......................	600.	»
»	H. BEAUVAIS.	L'empereur Napoléon III, à Bourges, au milieu des inondés......	500.	»

ANNÉES.	MAITRES.	DÉSIGNATION DES SUJETS.	PRIX.	
1857	CH. GIRAUD.	Le capitaine de corvette Bonard enlève le fort de Fantahua (Tahiti).	»	»
		Même sujet.....................	»	»
1858	DURAND-BRAGER.	21 Tableaux représentant divers épisodes du siège de Sébastopol.	»	»
1859	DECAEN.	Expédition de Kabylie. Prise de Tiguert-Hala par la division Renault........................	6,000.	»
»	FONTAINE.	Attaque de la redoute Selinghinsk (ouvrages blancs), Crimee......	4,000.	»
»	PROTAIS.	Attaque et prise du Mamelon vert et des ouvrages blancs.........	5,000.	»
»	RIGO (Jules).	Le général en chef Canrobert visitant une tranchée	5,000.	»
1860	LACRETELLE.	Mort du général Duroc, duc de Frioul	»	»
1861	JUMEL DE NOIRETERRE.	Bataille de Magenta (1859)........	»	»
»	YVON.	Bataille de Solferino (1859)........	»	»
1863	Mlle PERIGOT (d'apres un portrait de famille).	Portrait en pied du général de division Duhesme, tué à Waterloo ..	1,200.	»
1864	KINSON.	Portraits en pied du roi Jérôme et de la reine de Westphalie.......	»	»
»	MÜLLER.	Portrait équestre de S. M. l'Empereur........................	»	»
»	WICAR.	Portraits en pied du roi Louis et du prince de Hollande...........	»	»
»	Mme BENOIST.	Portrait en pied de la grande-duchesse Élisa	»	»

ANNÉES.	MAITRES.	DÉSIGNATION DES SUJETS.	PRIX.	
1864	WICAR.	Portrait en pied du roi Joseph.....	»	»
»	DUCIS.	L'empereur Napoléon Ier, et les princes et princesses de sa famille, sur la terrasse du palais de Saint-Cloud (salon de 1810).........	»	»
»	ROBERT-LEFÈVRE	Portrait en pied de la princesse Borghèse....................	»	»
	VERDIER.	Le Premier Consul passant le mont Saint-Bernard.................	»	»
»	INCONNU.	Portrait en pied d'Hortensia Bonaparte........................	»	»
»	WICAR.	Portrait en pied (assis) du roi Louis.	»	»
»	KRAFFT.	Portrait en pied du prince de Montfort, fils aîné du roi Jérôme....	»	»
»	Mme BENOIST.	Portrait en pied de la princesse Bacciochi-Camerata (enfant).......	»	»
»	WICAR.	Portrait en buste du roi Louis.....	»	»
»	Mme BENOIST.	Portrait de l'impératrice Marie-Louise......................	»	»
»	BENVENUTI.	La cour de la grande-duchesse Élisa, à Florence.............	»	»
1865	SCHMITZ (d'après Mignard).	Portrait de la duchesse de la Vallière et de ses enfants.........	»	»
»	BATTAILLE (d'après Wert-Muller).	Portrait en pied de la reine Marie-Antoinette avec ses deux enfants.	3,060	»
»	GROS.	L'empereur Napoléon Ier distribuant des récompenses à la suite du salon de 1808 (ébauche).......	»	»

MUSÉE DE VERSAILLES.

PEINTURE.

ENVOIS DES MINISTÈRES.

ANNÉES.	MAITRES.	DÉSIGNATION DES SUJETS.	MINISTÈRES.	PRIX.
1853	LARIVIÈRE.	Portrait en pied du maréchal Exelmans (commandé)	MINISTÈRE D'ÉTAT.	2,500. »
»	MOREAUX (Léon),	Prise de Trèves en 1794 (commandé)........	»	» »
»	TISSIER.	Portrait en pied d'Abd-el-Kader (acquis).....	»	2,500. »
»	NAVLET.	Vue de Paris, au levant (acquis)............ Vue de Paris, au couchant (acquis)............	» »	3,400. »
»	LARIVIÈRE.	Portrait en pied de l'amiral baron de Mackau..	»	»
»	BIN.	Portrait en pied de S. Exc. le maréchal Vaillant ..	»	»
»	ROUSSEAU (d'apres Ansiaux). (1807).	Portrait en pied du duc de Cadore..........	»	1,000. »
1854	LARIVIÈRE.	Portrait en pied de S. Exc. le maréchal Magnan ..	»	»
»	»	Portrait en pied de S. Exc. le maréchal de Saint-Arnaud (commandé)..	»	2,500. »

ANNÉES.	MAITRES.	DÉSIGNATION DES SUJETS.	MINISTÈRES.	PRIX.
1854	SIGNOL.	Passage du Bosphore par les croisés..........	MINISTÈRE D'ÉTAT.	» »
1856	LANDEL.	Portrait en pied de l'amiral Baudin..........	»	» »
»	GIRAUD (Eugène).	Portrait en pied de l'amiral Bruat (commande).	»	3,000. »
»	»	Portrait en pied de l'amiral Hamelin (commandé)...............	»	3,000. »
»	DE RUDDER (d'après Broc)	Portrait en pied du maréchal Soult..........	»	» »
»	MARZOCCHI (d'apres Gautherot).	Portrait en pied du maréchal Davoust	»	» »
»	A. FONTAINE (d'après Gros)	Portrait en pied du maréchal Masséna........	»	» »
»	E. BATTAILLE (d'apres J.-M.Langlois)	Portrait en pied du maréchal Ney	»	» »
»	HÉDOUIN (d'apres Riesener).	Portrait en pied du maréchal Bessières.......	»	» »
»	E. CHARPENTIER (d'a - près Vien).	Portrait en pied du maréchal Jourdan........	»	» »
»	LARIVIÈRE.	Portrait en pied du maréchal comte Baraguey-d'Hilliers (commande).	»	3,000. »
»	»	Portrait en pied de l'amiral Perceval-Deschênes (commandé)	»	3,000. »
»	ARMAND.	Débarquement de la reine d'Angleterre à Boulogne (1855)..........	»	» »

ANNÉES.	MAITRES.	DÉSIGNATION DES SUJETS.	MINISTÈRES.	PRIX.
1856	H. BELLANGÉ	Bataille de l'Alma (1854).	MINISTÈRE D'ÉTAT.	»
»	BATTAILLE (d'apres Mme Benoist).	Portrait du maréchal Brune	»	»
»	BATTAILLE (d après Carmon - telle).	Portrait en buste de Lambert, baron de Chamerolles, contrôleur général des finances.....	»	»
»	COUDER (Auguste).	Installation du Conseil d'État au palais du petit Luxembourg (1799).	»	»
»	DIEUDONNÉ.	Portrait de G. de Bastard, vicomte de Fussy, lieutenant général en Berry (1447)...........	»	»
		Portrait de Denis de Bastard, marquis de Fontenay, chef d'escadre (1723)....·.........	»	»
»	Mlle DUVIDAL.	Portrait de Mme Campan.	»	»
»	LEGRIP.	Portr. de Philis de la Tour du Pin de la Charce...	»	»
»	RIGO (Jules).	Portrait de Blain (François - Aldegonde) de Jouvencel, maire de Versailles	»	»
»	»	Portrait de Hyacinthe Richaud, maire de Versailles	»	»
»	Mlle VARCOLLIER.	Portrait du général comte Klein..............	»	»
»	BOULARD(d'après Winterhalter).	Portrait de l'empereur Napoléon III.........	»	»

ANNÉES.	MAITRES.	DÉSIGNATION DES SUJÈTS.	MINISTÈRES.	PRIX.	
1856	YVON.	Le maréchal Ney soutenant l'arrière-garde, pendant la retraite de Russie..............	MINISTÈRE D'ÉTAT. »	»	»
»	IM - THURM (d'apres Van Dome).	Portrait du lieutenant-général baron Campredon	»	»	»
»	VINCHON.	Enrôlements volontaires. La patrie déclarée en danger............	»	»	»
1857	RICARD.	Portrait en pied du maréchal comte Harispe...	»	»	»
1858	CHAVET (Victor).	Portrait en pied de l'amiral Bergeret.........	»	»	»
»	BIN (Émile).	Portrait en pied du maréchal de Castellane (commandé)	»	3,000.	»
1859	H. VERNET.	Portrait en pied du maréchal Bosquet.........	»	»	»
		Portrait en pied du maréchal Randon........	»	»	»
		Prise de la Tour de Malakoff	»	»	»
»	YVON.	La Gorge de Malakoff (8 septembre 1855)...	»	»	»
		La Courtine de Malakoff.	»	»	»
»	BARRIAS.	Débarquement de l'armée française à Old-Port (Crimée)	»	»	»
»	LARIVIÈRE.	Rentrée à Paris de S. A. I. le Prince-Président, en 1852............	»	»	»

ANNÉES.	MAITRES.	DÉSIGNATION DES SUJETS.	MINISTÈRES.	PRIX.	
1859	DUBUFE (Édouard).	Le Congrès de Paris, en 1856...............	MINISTÈRE D'ÉTAT.	»	»
1860	PHILIPPO-TEAUX.	Charge de chasseurs d'A-frique , à Balaclava (1854).............	»	»	»
»	JUMEL DE NOI-RETERRE.	Bataille de Solferino (1859)..............	»	»	»
»	H. VERNET.	Portrait en pied du ma-réchal de Mac-Mahon.	»	»	»
»	LARIVIÈRE.	Portrait en pied du ma-réchal Niel	»	»	»
»	ARMAND DU-MARESQ.	Mort du général Bizot au siége de Sébastopol...	»	»	»
1861	»	Épisode de la bataille de Solferino...........	»	»	»
»	PILS.	Bataille de l'Alma (1854).	»	»	»
»	COURT.	Portrait du maréchal Soult, duc de Dalmatie.	»	»	»
»	COUVERCHEL	Combat de Kanghil (Cri-mée, 1855).........	»	»	»
»	»	Bataille de Magenta (1859)	»	»	»
»	GINAIN.	La rentrée à Paris des troupes de l'armée d'Italie......... ...	»	»	»
»	RIGO (Jules).	Bataille de Magenta (com-bat de Marcallo, 1859).	»	»	»
»	TISSIER (A.).	Le Prince-Président ren-dant la liberté à Abd-el-Kader	»	»	»

ANNÉES.	MAITRES.	DÉSIGNATION DES SUJETS.	MINISTÈRES.	PRIX.	
1861	Le général ba-ron LEJEUNE	Treize tableaux dont la designation suit :	Acquis du ba-ron LEJEUNE son fils.		
»	»	Bataille du Mont-Thabor (1798)	»	»	»
»	»	— des Pyramides (1798).	»	»	»
»	»	— d'Aboukir (1799).	»	»	»
»	»	— de Marengo (1800)	»	»	»
»	»	Le soir de la bataille d'Austerlitz (1805)....	»	»	»
»	»	Bataille de Somo-Sierra (1808)	»	»	»
»	»	Siége de Saragosse (1809).	»	»	»
»	»	Escarmouche avec les guérillas dans les mon-tagnes de Castille (1811)	»	»	»
»	»	Attaque d'un grand con-voi dans la province de Biscaye (1812)........	»	»	»
»	»	Premier passage du Rhin (1795)	»	»	»
»	»	Bataille de Chiclana (1811)	»	»	»
»	»	Bataille de la Moskova (1812)......	»	»	»
»	»	— de Lodi (1796) ..	»³	»	»
1862	RAVERGIE.	Portrait en buste du ma-réchal d'Ornano, comte de Montlor	MINISTÈRE D'ÉTAT.	»	»
»	RIGO (Jules).	Portrait en pied de l'ami-ral Romain-Desfossés.	»	»	»

ANNÉES.	MAITRES.	DÉSIGNATION DES SUJETS.	MINISTÈRES.	PRIX.	
1863	LARIVIÈRE.	Portrait en pied du maréchal Regnault de St-Jean-d'Angély......	»	»	»
»	BEAUCÉ.	Portrait en pied du maréchal comte d'Ornano.	»	»	»
»	JUMEL DE NOI-RETERRE.	Bataille de l'Alma (1854).	»	»	»
»	YVON.	Bataille de Magenta (1859)	»	»	»
»	BEAUCÉ.	Débarquement des troupes françaises en Syrie (en 1860)...........	MINISTÈRE DES BEAUX-ARTS.	»	»
»	WITKOFSKY.	Portrait d'Horace Vernet (salon de 1863).......	»	»	»
»	RIGO.	L'Empereur visitant l'ambulance de Voghera...	»	»	»
»	PHILIPPO-TEAUX.	Combat de Montebello	»	8,000.	»
»	LECOMTE (E.)	Expédition de Syrie.....	»	»	»
»	LEGRIP.	Audience de Mme de Bonchamp	»	»	»
1864	NANTEUIL (P.)	Portrait d'Halévy.......	»	»	»
»	RAVERGIE (d'apr. Landry).	Portrait de Laya........	»	»	»
1865	MÜLLER.	Installation des grands corps de l'État (janvier 1852)..............	»	»	»
1866	FAURE (Eugène).	Portrait de l'amiral Charner................	»	»	»
»	GÉROME.	Réception des ambassadeurs de Siam à Fontainebleau..........	»	»	»

ANNÉES.	MAITRES.	DÉSIGNATION DES SUJETS.	MINISTÈRES.	PRIX.
1866	LARIVIÈRE.	Portrait du maréchal Forey...............	MINISTÈRE DES BEAUX-ARTS.	» »
»	RIGO.	Bataille de Solferino....	»	» »
1867	PICHON (d'après Ingres)	Portrait de Cortot......	»	» »
»	RAVERGIE (d'ap. Flandrin).	Portrait de S. M. l'Empereur	»	» »
1868	Mlle PRIN (d'après Winterhalter).	Portrait de S. M. l'Impératrice	»	» »
»	BEAUCÉ.	Portrait du maréchal Bazaine	»	» »
»	»	Prise du fort Saint-Xavier, devant Puebla...	»	» »
»	»	Entrée du corps expéditionnaire français à Mexico (10 juin 1863)..	»	» »
»	MOREL-FATIO	La flotte anglaise à Cherbourg	»	» »
»	LELOIR.	Baptême de sauvages aux îles Canaries........	»	» »
»	DARJOU.	L'Empereur Napoléon III accordant la grâce des Flittas (Algérie)	»	» »
»	DURAND BRAGER.	Prise de Simonosaki....	»	» »

MUSÉE DE VERSAILLES.

PEINTURE.

DONS PARTICULIERS.

ANNÉES.	MAITRES.	DÉSIGNATION DES SUJETS.	DONATEURS.
1853	Baron GÉRARD.	Portrait en pied du comte de Sussy, sénateur.	Legs du comte H. DE SUSSY.
»	ENGERTH (Ed.).	Portrait en buste du prince Miloch Obrenowitz, de Servie.	Le prince DE SERVIE.
1854	A. TISSIER.	Portrait en buste du lieutenant-général vicomte de Reiset.	Sa famille.
»	»	Portrait en buste du général de brigade Binot, tué à Eylau.	»
»	Mlle PHILIPPAIN.	Portrait en buste du général comte de Custine.	Le marquis DE CUSTINE.
»	Mlle H. DE LORIMIER.	Portrait en buste de L. de Pouqueville, de l'Académie des inscriptions.	Legs de l'AUTEUR.
»	PHILIPPOTEAUX.	Portrait en pied du général comte de Dampierre.	Le marquis DE DAMPIERRE.
»	PONCE CAMUS.	Portrait en pied du général comte Soules.	La veuve du général.
»	Baron GROS.	Portrait en pied du général baron Fournier.	M. A. FOURNIER-SARLOVÈSE au nom de la famille
»	H. BELLANGÉ.	Défense de Pondichéry par le chef de brigade Binot.	La famille du général Binot

ANNÉES.	MAITRES.	DÉSIGNATION DES SUJETS.	DONATEURS.
1854	PINCHON.	Portrait du général de division H.-F. de La Borde.	Les fils du général.
»	A. R.	Portrait du chevalier baron d'Elbhecq, lieutenant-général.	Le baron P. DU CHAMBGE DE LIESSART.
»	LECOMTE (Ém.)	Portrait en buste de C.-A. de Coulomb, physicien.	F. DE COULOMB, son petit-neveu
1855	Mlle GIRARD.	Portrait en pied du général de division comte Gazan de Lapeyrière.	Le fils du général.
»	MARZOCCHI (d'après un portrait de famille).	Portrait en buste du général baron de Kalb.	Le vicomte D'ABZAC.
1856	LARIVIÈRE (d'après un portrait de famille.)	Portrait en buste de D. Godefroy, seigneur de Guignecourt, ambassadeur de l'Électeur palatin.	Le marquis DE GODEFROY MENILGLAISE
»	»	Portrait en buste de Théodore Godefroy, conseiller d'État, historiographe de France.	».
»	»	Portrait en buste de Jacques Godefroy, conseiller d'État, ambassadeur de Genève.	»
»	L. GUTTENBRUNN	Portrait du comte de Mareschalchi, ministre d'État italien.	Son petit-fils.
»	Mlle A. ASSELINEAU.	Petit portrait en pied du baron Dornier, capitaine au 10e dragons.	Baronne veuve DORNIER.
»	VÉRON-BELLECOURT.	Allégorie aux conquêtes de Napoléon Ier en Égypte.	La famille de L'AUTEUR.
»	INCONNU.	Deux tableaux représentant l'entrée de Napoléon Ier à Venise.	Le comte DE MOLIN.

ANNÉES.	MAITRES.	DÉSIGNATION DES SUJETS.	DONATEURS.
1860	Mlle SERVOISIER.	Portrait en buste du lieutenant-général baron de Marcognet.	Sa veuve.
«	INCONNU.	Portrait en buste du général de division Lebrun, duc de Plaisance, grand-chancelier de la Légion d'honneur.	Le duc DE PLAISANCE, son fils.
»	MASSE.	Portrait en buste de M. Aubernon, préfet de Seine-et-Oise.	Sa famille.
1861	Mme CHERADAME née BERTRAND.	Portrait en pied du général de division Desvaux de Saint-Maurice, tué à Waterloo.	Le baron DESVAUX DE St-MAURICE, son fils.
»	CHAMPMARTIN.	Portrait en pied de Mme de Mirbel.	Son frère, M. G. RUE.
1862	ARY SCHEFFER.	Portrait en buste du lieutenant-général Baudrand.	Légué par Mme veuve MARLHIOU, née DE LAUZUN.
»	LEGRIP (Fréd.).	Portrait en pied du maréchal Suchet.	La famille.
1863	Mme DESNOS (d'après HERSENT).	Portrait de Nepveu, architecte du palais de Versailles.	Mme NEPVEU.
»	GENET.	Portrait de Jean de Lastic, grand-maître de Rhodes.	M. DE LASTIC.
1864	HUSSENOT.	Portrait du général Pelletier...	Le comte DE VILLERS.
»	HÉBERT.	S. A. I. le prince Napoléon....	S. A. I. le prince NAPOLÉON.
»	»	S. A. I. Mme la princesse Marie-Clotilde.	»
»	DUBUFE (Éd.).	S. A. I. Mme la princesse Mathilde.	S. A. I. Mme la princesse MATHILDE.

ANNÉES.	MAITRES.	DÉSIGNATION DES SUJETS.	DONATEURS.
1865	Comte DE CHA-TILLON.	Portrait de la princesse Gabrielli (Charlotte Bonaparte).	Le prince GA-BRIELLI.
»	INCONNU.	Portrait de l'amiral Brueys-d'Ai-galliers.	Légué par Mme la comtesse D'AIGALLIERS
1866	Attribué à DA-VID.	— du général Pillet des Atours.	M. LAURENT.
»	COLIN (Paul).	Portrait de Pugio Monti, gonfa-lonnier de Florence.	Le comte DE MONTI.
»	MOUSQUET (d'a-près un portrait de famille).	Portrait du chevalier du Pavil-lon, enseigne de vaisseau.	M. L. DU PA-VILLON.
1867	C. MAYER.	Portrait de J.-L. Darras, en-seigne de vaisseau.	M. M. DARRAS fils.
»	GÉRARD.	Portrait du baron Corvisart.	Le baron COR-VISART fils.
1868	LECERF.	— de l'abbé Sicard.	L'AUTEUR.

MUSÉE DE VERSAILLES

SCULPTURE.

DONS DE S. M. L'EMPEREUR.

ANNÉES.	MAITRES.	DÉSIGNATION DES SUJETS.
1855	DEBAY père.	Buste du général Cambronne.
1856	BENOIST (Ant.).	Louis XIV; médaillon en cire.
1857	Comte DE NIEU-WERKERKE.	Buste du maréchal Bosquet.
1858	INCONNU.	Statue couchée du roi de Rome, enfant.
»	»	Buste de Joseph, roi d'Espagne.
»	»	— de Lucien, prince de Canino.
»	CHATROUSSE (Émile).	La reine Hortense et S. M. l'Empereur, enfant; groupe.
»	INCONNU.	La princesse Élisa et sa fille ; groupe en marbre.
»	»	Buste de Jérôme, roi de Westphalie.
»	»	— de la reine de Westphalie.
»	»	— de Félix Bacciochi.
»	»	— de la princesse Élisa.

ANNÉES.	MAITRES.	DÉSIGNATION DES SUJETS.
1858	INCONNU.	Buste de Camille, prince Borghèse.
»	»	— de la princesse Borghèse.
»	»	— de la reine Caroline.
»	»	— de la princesse Bacciochi-Camerata
1865	OTTIN.	— de S. M. l'Empereur.
' »	BARRE.	— de S. M. l'Impératrice.

MUSÉE DE VERSAILLES.

SCULPTURE.

ENVOIS DES MINISTÈRES.

ANNÉES.	MAITRES.	DÉSIGNATION DES SUJETS.	MINISTÈRES.
1853	DEMESMAY.	Buste de J. Pelletier.	MINISTÈRE D'ÉTAT.
»	ISELIN.	— de Joachim Murat, roi de Naples.	»
»	J. DEBAY.	Statue du maréchal Oudinot.	»
»	CLESINGER.	Buste du maréchal Sebastiani.	»
»	ÉLIAS ROBERT.	— du général Pajol.	»
»	JANSON.	— du général Partouneaux.	»
»	ÉLIAS ROBERT.	— du général Bailly de Mon-thion.	»
»	DUBRAY.	— du général Abbatucci.	»
»	DANIEL.	— du contre-amiral Leray.	»
»	»	— du comte Mollien.	»
»	BOITEL.	— du général Petit.	»
»	BOURDIN (Michel)	Tombeau de Diane de Poitiers, provenant de Neuilly.	DIRECT. GÉN. DES DOMAI-NES.
1854	DUMONT.	Statue du maréchal Bugeaud.	MINISTÈRE D'ÉTAT.
»	JOUFFROY.	— du maréchal Dode de la Brunerie.	»

ANNÉES.	MAITRES.	DÉSIGNATION DES SUJETS.	MINISTÈRES.
1854	ROCHET.	Statue du maréchal Drouet d'Er-lon.	MINISTÈRE D'ÉTAT.
»	NANTEUIL.	— du maréchal Mac-Donald.	»
»	FERRAT.	Buste du général Des Michels.	»
»	MEUSNIER (Ma-thieu).	— de Sabatier............	»
1855	MAINDRON.	Statue du général Colbert.	»
1857	CRAUK.	Buste du maréchal Pélissier, duc de Malakoff.	»
»	GAYRARD père.	Buste de Mgr Affre, archevêque de Paris.	»
»	DEMESMAY.	Buste du duc de Rovigo.	»
»	LESCORNÉ.	— de Ducos.	»
»	DEMESMAY.	— du général Morand.	»
»	DANTAN jeune.	— du général de Marolles.	»
»	MEUSNIER (Ma-thieu).	— du général de Pontevès.	»
1858	LEVÊQUE.	— du général de Saint-Pol.	»
»	OLIVA.	— du général Bizot.	»
»	JALEY.	— du duc d'Elchingen.	»
»	FRISON.	— du général Breton.	»
»	MERCIER.	— du maréchal Exelmans.	»
»	SORNET.	— du général Brunet.	»
»	NANTEUIL.	— du général Carbuccia.	»
»	DE VAURÉAL.	— du général de Lavarande.	»
»	ÉLIAS ROBERT.	— de l'amiral Blanquet du Chayla.	»

ANNÉES.	MAITRES.	DÉSIGNATION DES SUJETS.	MINISTÈRES.
1858	Cte DE NOGENT.	Buste du général Mayran.	MINISTÈRE D'ÉTAT.
»	VITAL-DUBRAY.	L'Impératrice Joséphine (modèle remplacé depuis par le marbre)	»
»	PRÉAULT.	Statue de J. Hardouin Mansart.	»
»	»	— de Lenostre.	»
1859	ÉLIAS ROBERT.	Buste de Charles Bonaparte.	»
»	Mme LEFÈVRE - DEUMIER.	— du général Paixhans.	»
»	CAILLOUETTE.	— du chevalier d'Assas.	»
»	DUMONT.	Statue du maréchal Suchet.	»
»	PIGALLE.	— de la marquise de Pompadour ; plâtre.	ATELIER DE MOULAGE DU LOUVRE.
»	LEQUESNE.	— du maréchal de St-Arnaud	MINISTÈRE D'ÉTAT.
»	MEUSNIER (Mathieu).	Buste de Cartellier.	»
»	BRIANT.	— d'Edelinck.	»
1860	BRUNET.	— du général Rivet.	»
»	DANTAN aîné.	— du général Perrin-Jonquière.	»
»	DANTAN jeune.	— de Bineau.	»
»	Cte DE NOGENT.	— du général de Lourmel.	»
»	Cte DE NIEUWERKERKE.	Catinat (statue couchée) ; modèle en plâtre.	»
1861	CRAUK.	Buste du maréchal de Mac-Mahon	»
»	»	— du maréchal Niel.	»

ANNÉES.	MAITRES.	DÉSIGNATION DES SUJETS.	MINISTÈRES.
1861	OLIVA.	Buste de François Arago.	MINISTÈRE D'ÉTAT.
»	COTTE.	— du colonel de Brancion.	»
»	MEGRET.	— du contre-amiral Hamelin	»
»	MILLET.	— de Gay-Lussac.	»
»	ISELIN.	— du général Brunet.	»
»	ÉTEX.	— du général baron Pelet.	»
»	EUDES.	— du général Espinasse.	»
»	CHATROUSSE.	— du général Beuret.	»
»	Mlle DUBOIS-DA-VESNE.	— de Béranger.	»
»	LEQUIEN.	— du maréchal d'Ornano.	»
1863	CABET.	— de Rude.	MINISTÈRE DES BEAUX-ARTS.
»	ROBINET.	— du contre-amiral Bouvet	»
»	BRIAN.	— de l'amiral Romain-Des-fossés.	»
»	ROUBAUD.	— de Taunay.	»
»	AUVRAY.	— de Lesueur, compositeur de musique.	»
»	ISELIN.	— d'Augustin Thierry.	»
»	CRAUK.	— du maréchal Baraguey-d'Hilliers.	»
»	»	— du maréchal Regnaud de Saint-Jean-d'Angély.	»
»	CAUDRON.	— du contre-amiral Protet.	»
1864	CHARRIER.	— du général Cler.	»

ANNÉES.	MAITRES.	DÉSIGNATION DES SUJETS.	MINISTÈRES.
1864	CAMBOS.	Buste du général Auger.	MINISTÈRE DES BEAUX-ARTS
»	COURTET.	— du maréchal de Castellane.	»
1867	VELA.	Les derniers jours de Napoléon Ier.	»
»	VITAL-DUBRAY.	Statue de l'impératrice Joséphine	»
»	GRUYÈRE.	— de Dupleix.	»
»	OLIVA.	Buste de Cobden.	»
»	PONSCARME.	— du maréchal Forey.	»
»	ISELIN.	— du duc de Morny.	»
»	CORDIER.	— du maréchal Randon.	»
»	CAMBOS.	— d'Alfred de Vigny.	»
»	LEQUIEN.	— du général de Laumière.	»
1868	AUVRAY.	— de Jacques Saly.	»
»	CRAUK.	Statue du maréchal Pelissier.	»
»	Mme LEFÉVRE-DEUMIER.	Buste du général Sibuet.	»
»	DOUBLEMARD.	— de l'amiral Hamelin.	»
1869	L. DURAND.	— de l'amiral Charner.	»
»	THABARD.	— du général Delzons.	»

MUSÉE DE VERSAILLES.

SCULPTURE.

DONS DES PARTICULIERS.

ANNÉES.	MAITRES.	DÉSIGNATION DES SUJETS.	DONATEURS.
1853	DANTAN jeune.	Buste de Soufflot.	M. SOUFFLOT, neveu.
1855	LANNO.	Montaigne ; modèle en plâtre.	L'AUTEUR.
1857	BRIAN.	Buste de Baillot.	M. BAILLOT fils.
»	CAVELIER.	— de Legentil.	LE TRIBUNAL DE COMM.
»	DUMONT.	Philippe-Auguste ; modèle en plâtre.	L'AUTEUR.
1858	INCONNU.	Le cardinal de Bernis.	Le vicomte DE BERNIS.
1859	MASSON.	Buste d'Augereau, duc de Castiglione.	Mme la csse DE SAINTE-ALDÉGONDE.
»	CAVELIER.	Blaise Pascal ; modèle en plâtre.	L'AUTEUR.
1863	DURET.	Châteaubriand (statue assise) ; modèle en plâtre.	L'AUTEUR.

ANNÉES.	MAITRES.	DÉSIGNATION DES SUJETS.	DONATEURS.
1864	ROCHET.	Napoléon à l'école de Brienne ; plâtre.	L'AUTEUR.
1866	HOUDON.	Buste de Duquesnoy.	Légué par M. MARIN.
1868	DAVID (d'Angers)	— du général comte Hulin.	Mme la comt^sse HULIN.
»	BOSIO.	— de Napoléon Ier.	Mme la Baronne RIGNON.
»	INCONNU.	— du comte de Cessac.	
»	»	— de M. Cailliez.	
»	CRAUK.	— du général Camou.	Sa nièce.

MUSÉES IMPÉRIAUX.

VII.

CATALOGUES RÉDIGÉS PAR MM. LES CONSERVATEURS ET CONSERVATEURS ADJOINTS.

DISPOSITIONS PRISES POUR FACILITER L'ACCÈS ET L'ÉTUDE DANS LES SALLES ET GALERIES.

CATALOGUES RÉDIGÉS PAR MM. LES CONSERVATEURS ET CONSERVATEURS ADJOINTS.

———

Avant 1848, les notices explicatives des objets d'art exposés dans les Musées alors royaux, étaient dépourvus de tout renseignement. A l'exception du catalogue des objets antiques, dressé par M. de Clarac, les livrets, comme on les appelait alors, rédigés d'une façon par trop sommaire et sans aucune critique, ne pouvaient ni satisfaire la curiosité des visiteurs, ni faciliter les recherches des érudits. Au surplus, il eût été difficile qu'il en fût autrement: on n'avait adopté aucun système méthodique pour le classement des collections, et les attributions mêmes n'avaient jamais été soumises à un contrôle rigoureux. Après la révolution de février, cet état de choses changea complétement. Les Conservateurs de chaque département regardèrent comme un devoir de vérifier scrupuleusement les attributions, d'assigner aux œuvres d'art une place chronologique, de les décrire soigneusement et d'accompagner ces descriptions de tous les documents qui peuvent intéresser ou instruire. Dans l'histoire de l'art, ce sera un grand honneur pour le Louvre d'avoir entrepris d'aussi vastes travaux jusque-là sans antécédents, et d'avoir obligé, pour ainsi dire, les principaux Musées d'imiter son exemple.

Le prix de ces catalogues, qui contiennent la matière de nombreux volumes sous un petit format, a été abaissé autant que possible; néanmoins, comme le prix pouvait paraitre élevé à la plus grande partie des visiteurs, l'administration, afin de ménager les petites bourses et contenter, dans une certaine limite, la curiosité des promeneurs, ne s'est pas bornée à inscrire le nom du peintre sur le cadre des tableaux. Une pancarte placée à côté de chaque groupe de peintures indique les dates de naissance et de mort des artistes, l'école à laquelle ils appartiennent et les sujets représentés. Les sculptures portent sur le socle, soit le nom du personnage, soit l'indication du sujet.

Voici, dans chaque département, l'indication des catalogues publiés et de ceux en cours d'exécution.

DÉPARTEMENT DES ANTIQUITÉS ÉGYPTIENNES.

M. *le vicomte de Rougé* (Conservateur honoraire).

1849-1852. — Notice des Monuments exposés dans les galeries d'antiquités égyptiennes (salles du rez-de-chaussée).— Deux éditions (1).

1355-1864. — Notice sommaire des Monuments 'égyptiens exposés dans les galeries du Louvre (premier étage).— Deux éditions.

M. *Th. Devéria* (Conservateur adjoint).

En préparation. — Catalogue raisonné des papyrus manuscrits égyptiens du Louvre, divisé en quatre parties. Le manuscrit, terminé, est livré à l'impression.

---

(1) Le mot *édition* indique non un simple *tirage*, mais un travail renfermant des additions ou des modifications importantes.

DÉPARTEMENT DES ANTIQUES ET DES SCULPTURES
MODERNES.

M. *de Longpérier* (Conservateur).

1852-4854. — Notice des antiquités assyriennes, babylo-
niennes, perses, hébraïques.— Deux éditions.
1852. — Notice des Monuments exposés dans les salles
des antiquités américaines.

En préparation. — Catalogue des bronzes antiques. La
première partie imprimée paraîtra prochainement.
    —   — Catalogues du Musée Napoléon III
(terres cuites, vases, etc.) seront imprimés dans le
courant de l'année.
    —   — Une publication spéciale grand in-4°,
intitulée : « Musée Napoléon III, recueil de monuments pour servir à l'histoire de l'art en Orient et
en Occident, » a été confiée par M. le Surintendant à
M. de Longpérier, comme un devoir administratif et
gratuit. Cet ouvrage, publié par la maison Gide et
Guérin, se compose de cent quarante livraisons, dont
douze ont paru en 1867.

M. *Frœhner* (Conservateur adjoint).

1865.— Les inscriptions grecques du Louvre expliquées.
1865.— Description de la Colonne Trajane.
1869.— Notice de la sculpture antique. — 1er volume.
(Sujets mythologiques.)

MUSÉE DES SOUVERAINS, ET DES OBJETS D'ART DU MOYEN
AGE ET DE LA RENAISSANCE.

M. *le comte de la Borde* (ex-conservateur des collections
du moyen âge, etc.)

1853. — Notice des émaux, bijoux et objets divers du
moyen âge et de la renaissance. — Deux parties en
deux volumes.

M. *Barbet de Jouy* (Conservateur).

1855. — Description des sculptures modernes (M. Barbet de Jouy était alors Conservateur du département
des antiques).
1866. — Notice des antiquités, objets du moyen âge, de
la renaissance et des temps modernes, composant le
Musée des Souverains. La deuxième édition s'im-
prime.
1867. — Notice des gemmes et des joyaux de la galerie
d'Apollon.
En préparation. — Notice des faïences de Palissy, etc.

M. *Sauzay* (Conservateur adjoint).

1861. — Catalogue du Musée Sauvageot.
1863. — Notice des ivoires.
1864. — Notices des bois sculptés, terres cuites, mar-
bres, miniatures, objets divers, etc.
1867. — Notice de la verrerie et des vitraux.
En préparation. — Notice des métaux.

M. *Darcel* (attaché).

1864. — Notice des faïences peintes, italiennes, hispano-
     moresques, etc.
1867. — Notice des émaux et de l'orfévrerie.

DÉPARTEMENT DE LA PEINTURE, DES DESSINS ET DE LA
                    CHALCOGRAPHIE.

M. *Villot* (secrétaire général, ex-conservateur).

Notices des tableaux exposés dans les galeries du
   Louvre :
1849-1864. — Écoles d'Italie. — Quatorze éditions.
1850-1855. — Ecoles flamande, hollandaise, allemande.
     — Sept éditions (la huitième en préparation).
1855. — Ecole française. — Trois éditions (la quatrième
     en préparation).
1852-1853. — Notice des peintures, sculptures, gra-
     vures, etc., de l'école moderne, exposées au Luxem-
     bourg. — Trois éditions.
1851. — Catalogue des planches gravées composant le
     fond de la Chalcographie. — Première édition in-4°.
     Une réimpression en a été faite in-8° en 1860, et un
     supplément a été ajouté par M. d'Eschavannes, con-
     servateur adjoint, en 1867.

M. *Reiset* (Conservateur).

1863. — Notice des tableaux du Musée Napoléon III
     (collection Campana).
1866. — Notice des dessins, cartons, pastels, minia-

tures, émaux. Première partie, écoles d'Italie, écoles allemande, flamande et hollandaise.

En préparation. — Notice des dessins de l'école française. La deuxième partie sera imprimée cette année.

MUSÉE ETHNOGRAPHIQUE ET DE LA MARINE.

M. *Morel-Fatio* (Conservateur).

1853. — Notice des collections du musée de marine. Première partie, musée naval.

MUSÉE DU LUXEMBOURG.

M. *le marquis de Chennevières* (Conservateur).

1853-1868. — Notice des peintures, sculptures et dessins de l'école moderne de France, exposés dans le Musée impérial du Luxembourg. Une édition avec deux suppléments. — Deuxième édition.

MUSÉE HISTORIQUE DE VERSAILLES.

M. *Soulié* (Conservateur).

1854-1862. — Notice du Musée impérial de Versailles. Première édition en deux volumes. — Deuxième édition en trois volumes.

DISPOSITIONS PRISES POUR FACILITER L'ACCÈS ET L'ÉTUDE DANS LES SALLES DES MUSÉES IMPÉRIAUX.

Jusqu'en 1855, l'entrée des Musées n'était accordée qu'à de certaines conditions. Il fallait être porteur d'une carte d'artiste exposant ou d'élève d'un professeur connu, pour pouvoir pénétrer dans les galeries du Louvre et du Luxembourg, pendant les jours de la semaine. Ces mêmes jours, les étrangers n'étaient admis que sur la présentation d'un passeport, et le public n'entrait réellement sans entrave que le dimanche. Ces restrictions furent levées en 1855, à l'occasion de l'Exposition universelle ; à l'exception du lundi consacré au nettoyage, on ouvre quotidiennement les portes à tout le monde, et l'on ne demande plus la présentation des cartes qu'aux copistes. Depuis le règne de S. M. Napoléon III, de grandes améliorations ont été apportées au service des galeries. Les travailleurs peuvent y rester de 8 heures du matin jusqu'à 6 heures du soir, du 1er avril au 30 septembre, et de 9 heures du matin à 4 heures du soir, du 1er octobre au 31 mars. Le temps accordé aux études est donc de dix heures pendant la saison des longs jours.

L'obligation si gênante imposée à ceux qui fréquentaient les Musées, de déposer cannes et parapluies avant de visiter les salles, est abolie depuis deux ans. Cette mesure, qui a été accueillie avec une vive reconnaissance par un public nombreux qu'elle délivrait à la fois d'un impôt et d'un ennui, portait une atteinte sensible à la situation

pécuniaire des gardiens. Le dépôt exigé depuis si long-
temps produisait plus de 25,000 francs par an, et, répar-
tition faite, c'était un supplément d'appointements d'une
cinquantaine de francs pour chaque gardien. L'Empereur,
dans sa généreuse équité, n'a pas voulu que la suppres-
sion d'un usage devenu presque un droit tournât brus-
quement au préjudice de bons et anciens serviteurs. Il
les a indemnisés de cette perte, et la transition à l'état de
chose nouveau s'opéra graduellement par extinction.
D'un autre côté, il est bon de faire observer que l'intro-
duction des cannes, parapluies, ombrelles, n'a donné
lieu jusqu'ici à aucun accident. Le public est trop heureux
d'être débarrassé d'une entrave pour ne pas apprécier le
service que l'administration lui rend, et commettre des
dégâts qui entraîneraient nécessairement le retour aux
anciennes prohibitions.

Les facilités, déjà si grandes pourtant, accordées aux
travailleurs, ne m'ont point encore paru satisfaisantes,
car une foule de petits objets placés trop haut ou protégés
par des vitrines ne permettaient ni un examen complet
ni une reproduction fidèle. Enfin, des collections nombreuses, telles que celle des dessins, par exemple, dont le
chiffre dépasse 30,000, ne pouvaient être exposées. Pour
obvier à tous ces inconvénients, j'ai disposé une salle au
deuxième étage, où l'on met sous les yeux des savants et
des artistes qui m'en ont fait la demande, les objets déli-
cats, précieux, conservés en portefeuilles ou dans les
dépôts, qu'ils désirent étudier d'une façon spéciale.

La grande quantité de dessins d'ornements en tout
genre et de toutes les écoles que nous possédons, m'a
suggéré la pensée de venir en aide aux dessinateurs
industriels, en leur communiquant une série de compo-
sitions décoratives, architecturales ; d'objets d'orfé-

vrerie, etc., tracés par les mains les plus habiles. Un choix considérable de ces modèles précieux, dus aux plus illustres artistes qui se sont succédé depuis la renaissance jusqu'au siècle dernier, ont été ajustés deux par deux sur chaque face de châssis mobiles qui peuvent se feuilleter en quelque sorte comme les pages d'un livre. On a déjà vu fonctionner ces espèces d'écrans montés sur pivot à l'Exposition universelle de 1867, et leur construction a paru si commode, que je me suis empressé de les adopter.

Je signalerai, comme dernière mesure favorable aux études, la permission de moulage des sculptures de nos collections, permission que j'accorde toujours, lorsqu'il ne doit en résulter aucun inconvénient pour l'objet.

Enfin, on ne terminera pas ce compte-rendu sans rappeler que, par décret en date du 12 août 1864, l'Empereur a créé un prix de 100,000 francs à décerner tous les cinq ans à l'auteur d'une grande œuvre de peinture, de sculpture ou d'architecture qui aura été reconnue digne de cette récompense.

C'est cette année, en 1869, que ce prix de 100,000 fr. sera décerné pour la première fois.

TABLE.

Typ. Charles de Mourgues frères, rue J.-J. Rousseau, 58. — 2245

www.ingramcontent.com/pod-product-compliance
Lightning Source LLC
Chambersburg PA
CBHW071538220526
45469CB00003B/835